PETER ANDERS
WAS VOM TODE ÜBRIG BLEIBT

EIN TATORTREINIGER BERICHTET

W0175815

WILHELM HEYNE VERLAG
MÜNCHEN

MIX
Papier aus verantwor-
tungsvollen Quellen
FSC® C014496
www.fsc.org

Verlagsgruppe Random House FSC-DEU-0100
Das für dieses Buch verwendete
FSC®-zertifizierte Papier *Holmen Book Cream*
liefert Holmen Paper, Hallstavik, Schweden.

Originalausgabe 06/2011

Copyright © 2011 by Wilhelm Heyne Verlag, München,
in der Verlagsgruppe Random House GmbH
Printed in Germany 2011
Mitarbeit: Timur Vermes
Redaktion: Johann Lankes, München
Umschlaggestaltung: Hauptmann & Kompanie Werbeagentur, Zürich,
unter Verwendung eines Fotos von © Kay Blaschke
Satz: Buch-Werkstatt GmbH, Bad Aibling
Druck und Bindung: GGP Media GmbH, Pößneck
ISBN: 978-3-453-60184-0

www.heyne.de

© Kay Blaschke

Peter Anders, geboren 1966, erkannte durch seine Einsätze als Feuerwehrmann bei der Berufsfeuerwehr München den Bedarf an Fachleuten, die den Angehörigen die Tatort-, Leichenfundort- und Unfallortreinigung abnehmen. Er gründete seine Firma »asdmünchen« und ist seit 2005 als einer der wenigen Tatortreiniger Deutschlands tätig. Peter Anders ist verheiratet und lebt mit seiner Frau und den zwei Töchtern in München.

Inhalt

1. Zement

Es ist eine Sisyphusarbeit. Es ist, als müsste man mit einem winzigen Schraubenzieher im Winter eine zugefrorene Treppe frei schaben. Oder eine gründlich eingebrannte Pfanne mit einem Hölzchen säubern, wie es vom Eis am Stiel übrig bleibt. Und das Dümmste dabei ist: Ich weiß bereits jetzt, dass es Ärger geben wird. Ich bereue, dass ich diesen Job angenommen hab – ich bin manchmal so ein Depp, also wirklich!

Wir knien in unseren weißen Overalls in einem leeren Zimmer. Unsere Gesichter stecken in Atemschutzmasken. Wir haben elektrische Bohrmeißel, und wir bohren sie in den Estrich. Wir schaben ihn ab, in kleinen Streifen, einen, höchstens zwei Zentimeter breit. Den Meißel in den glasharten Zement zu drücken wird nach zehn Zentimetern schwer, nach höchstens 20 Zentimetern ist es unmöglich. Dann rutscht der Meißel nach oben weg, wir ziehen ihn zurück und fangen vorne wieder an.

Wir kratzen den Tod aus dem Boden.

Ich kenne nur den Nachnamen des Mannes, der hier starb. Er ist mit seiner Frau noch Anfang des Jahres in Thailand gewesen, sie ist dort ums Leben gekommen. Wie, weiß ich nicht. Ich weiß nur, dass er drei Monate später fand, er hätte nun wohl ebenfalls lange genug gelebt, und Tabletten genommen hat. Was ich noch weiß, ist, dass er wohl nicht viele Freunde oder Verwandte hatte, die sich um ihn Sorgen gemacht haben. Man hat ihn nach vier bis sechs Wochen gefunden. Er lag auf dem Boden, zwischen dem Bett und dem Fenster. Vielleicht lag er anfangs auch noch im Bett, ich würde es beim Selbstmord ja wenigstens bequem haben wollen, vielleicht wurde er durch die Tabletten nicht ganz so bewusstlos, wie er gern gewesen wäre, aber gestorben ist er auf dem Boden. Deswegen sind wir hier. Es ist sein Blut, das wir aus dem Boden kratzen, und nicht nur sein Blut.

Der Zementstaub dringt mir in die Augen. Ich richte mich langsam auf und frage mich, wie Klaus das durchhält, denn er ist mit seinen 48 Jahren ein paar Jahre älter als ich. Er ist wie ich Feuerwehrmann und Rettungsassistent und extrem vielseitig. Am Anfang hat die Arbeit noch leichter ausgesehen. Da hat Klaus mit der Flex zwei großzügig bemessene Schlitze um die Leichenumrisse in den Boden gefräst, damit wir eine Ansatzkante für unsere Geräte haben, ungefähr zwei Meter lang und einen Meter breit, eine matratzengroße Fläche. Die Flex ist durch den Boden gegangen wie Butter. Aber jetzt … Mit verbissener Entschlossenheit treibt Klaus seinen Meißel in den Estrich, um wieder ein paar Quadratzentimeter loszuschlagen. Ich habe keine Ahnung, womit die Erbauer diesen Drecksboden angerührt haben. In manchen Städten stehen noch alte Flakbunker, die sie nach dem Krieg nicht abreißen konnten, weil die stärksten Sprengstoffe nichts vermocht hätten – hier in den Estrich haben sie vermutlich die Restbestände von diesem Bunkerzement gepresst; ich habe so etwas Granithartes noch nicht erlebt. Ich bin fast dankbar, wenn ich mal die Akkus in meinem Meißel wechseln kann. Ich richte mich auf, greife zum Besen, kehre die Splitter weg, was ich eigentlich nicht machen sollte, denn das Ergebnis ist ernüchternd: Es sieht aus, als hätten wir gerade erst angefangen.

Vielleicht ist das Ganze auch deshalb so tief drin, weil sie uns so spät gerufen haben.

Der Wohnungsbesitzer hat vorher offenbar schon selbst versucht, das Problem zu lösen, das heißt, irgendwelche Handwerker haben sich in seinem Auftrag bemüht. Wir jedenfalls haben nur den nackten Raum vorgefunden und den dunklen Fleck auf dem Boden vorm Fenster. Und die vielen kleinen Duftspender. Zwei blaue, kegelförmige aus dem Supermarkt, einer davon im Flur, einer im Wohnzimmer. Zwei weitere billige Plastikgehäuse stehen auf dem Fensterbrett im Schlafzimmer selbst, solche, die man gerne mal in die Gästetoilette stellt. Es wundert mich fast, dass sie nicht auch noch so ein kleines Bäumchen für den Autorückspiegel irgendwo hingehängt haben, Tannenduft oder Vanille. Die Mischung aus künstlichem Duftaroma und natürlicher Verwesung riecht furchtbar und hat zugleich etwas Rührendes. Als hätte jemand versucht, einen Waldbrand zu löschen, und zwar mit einem ganz, ganz kleinen Gießkännchen.

Sie haben das Zimmer ausgeräumt, ratzekahl. Sie haben den Teppichboden rausgerissen, die Klebstoffspuren sind noch auf dem Estrich darunter zu sehen, das war nicht mal so falsch. Dann haben sie geschrubbt, man sieht es an den Reinigern, die noch immer herumstehen. Sie haben die Fenster aufgerissen, ein paar Tage lang, einige Wochen lang. Und dann haben sie gemerkt, dass der Geruch nicht verschwindet. Sie sind also losgezogen und haben all die Duftmittelchen gekauft, die, die sie wollten, und die, die man ihnen aufgeschwatzt hat. Sie haben nochmal geschrubbt und gelüftet wie die Weltmeister. Und dann haben sie den Geruch nicht mehr ertragen, uns gerufen und gehofft, dass wir ein Wundermittel haben. So läuft das immer.

Aber wir haben auch keine Wundermittel. Ich habe nur meine Nase und meine Erfahrung. Ich weiß eben, dass es nicht so ist, wie viele glauben, nämlich dass wir hier ein Zimmer haben, in dem ein Fleck ist und in dem es nach Tod riecht. Ich weiß, dass es der Fleck selbst ist, der riecht. Und weil nichts auf der Welt den Geruch des Todes neutralisieren kann, knien wir hier. Wir haben zuerst den Raum sicherheitshalber mit Kohrsolin ausgesprüht, einem Desinfektionsmittel. Nicht dass nach vier Wochen das noch nötig gewesen wäre, aber sicher ist sicher. Und dann haben wir begonnen, den Fleck zu entfernen. Mit der einzigen Methode, die wirklich hilft: Wir schlagen ihn aus dem Boden.

Vier Wochen ist der Mann hier gelegen, im Hochsommer. Er lag auf der Seite, mit den Füßen an der Wand, dem Rücken zum Fenster, die Hände neben sich. Man sieht es an den Umrissen. Man kann den Daumen noch im Estrich erkennen, er schaut nur nicht mehr aus wie ein Daumen, sondern ähnelt mehr einem dicken Pilz. Die ganze Hand hat ja einen Umriss hinterlassen wie von einem Baseballhandschuh. Die Leichenflüssigkeit sickert eben aus dem Körper, aus dem ganzen Körper, durch die Kleidung, sie breitet sich aus, sie sickert in den Teppichboden, der sie in die Breite verteilt, dann dringt sie in den trockenen Stein darunter und dehnt sich dabei aus wie ein Tintentropfen auf einem Löschblatt.

Die meisten Leute glauben, Stein wäre eine hermetisch dichte Schicht. Das ist nicht so. Wir sehen es ja beim Meißeln. Im Fernsehen gab es einmal eine Zahnpastareklame, in der eine Kindergärtnerin ein Stück Kreide rundum mit dem schmutzigen Malwasser ihrer Kinder bepinselte und dann das Kreidestück in zwei Teile brach, um zu zeigen, wie weit das Pinselwasser in die Kreide eingedrungen war. Genauso würden die tollen Wirkstoffe der Zahnpasta in den Zahn eindringen. Ob das bei der Zahnpasta stimmt, kann ich nicht sagen, aber beim Estrich stimmt es. Der dunkelbraunrote Fleck auf der Oberfläche setzt sich ein, zwei Zentimeter im Zement fort. Und die müssen raus. Wer den Boden gegen solche Flecken hätte abdichten wollen, hätte eine Edelstahlschicht einziehen müssen. Aber der Estrich ist nicht das eigentliche Problem, und wegen des Estrichs werden wir auch keinen Ärger kriegen. Den Ärger wird uns der Rest der Wohnung bereiten. Ich hab's gleich gemerkt, als der Hausbesitzer, ein älterer, sehr vorsichtiger, misstrauischer und sparsamer Herr, auf einem sofortigen Kostenvoranschlag noch am Telefon beharrte.

So vernünftig Sparsamkeit manchmal ist: Wie soll ich die Kosten richtig einschätzen, wenn ich den Tatort nicht sehe? Es gibt zig verschiedene Bodenarten, Dutzende Wände, Fugenmassen, Farben, was weiß ich. Wie alt ist das Haus? Wie lang lag die Leiche auf dem Boden? Wer hat bereits am Fundort herumgedoktert?

Er hat mich dann immerhin hineingelassen. Eine Zwei-Zimmer-Wohnung, Küche, Bad, die Leiche wurde im Schlafzimmer gefunden, und ich habe ihm gleich gesagt, dass er die ganze Wohnung reinigen lassen müssen wird.

Nein, hat er gesagt, nur das Schlafzimmer.

Dreimal hab ich ihm erklärt, dass das sein Problem nicht lösen wird. Dass wir das Zimmer zwar sauber kriegen, aber danach wird er feststellen, dass der Rest der Wohnung eben doch riecht. Dass er dann merken wird, dass der starke Geruch im Zimmer nur den etwas schwächeren Geruch im Rest der Wohnung überdeckt hat.

Nein, hat er wieder gesagt, nur das eine Zimmer.

Wenn's wegen des Geldes ist, hab ich ihm vorgerechnet, soll er sich keine Sorgen machen. Das Zimmer, der Flur, das Bad, das kostet nicht so viel mehr. Viel teurer wird's, wenn wir extra dafür wieder anfahren müssen.

Nein, hat er gesagt, nur das Zimmer. Achthundert Euro, mehr zahlt er nicht.

Ich hab überlegt, ob ich jetzt noch von den hygienischen Gründen anfange, aber ich hab's dann gelassen. Der Mann war beratungsresistent. Die Gleichung ging für ihn so: Die Leiche lag nur in einem Zimmer, dann wird auch nur das eine Zimmer gereinigt. Um ihn umstimmen zu können, hätte die Leiche zwischendurch öfter mal das Zimmer gewechselt haben müssen.

Innerlich rollt man da mit den Augen. Wenn's meine Wohnung wäre, würde ich komplett die Farbe entfernen, die Türstöcke rausnehmen, den Estrich völlig neu machen, weil das auch nicht viel teurer ist, als unsere freigemeißelte Lücke wieder zu flicken. Ich würde die Teppichböden rauswerfen, die Fenster – na ja, die Fenster könnten vielleicht drinbleiben. Aber letztlich hat der

Kunde immer Recht. Achthundert Euro, hm. Ich habe überlegt und dann zugesagt. Doch mit so einem Boden habe ich nicht gerechnet. Der Boden kostet uns Zeit, und je länger wir brauchen, desto unrentabler wird für uns der Auftrag.

An der Wand kommen wir mit den Meißeln inzwischen nicht weiter. Hier ist Ende, aus, mir zittern inzwischen auch die Hände. Unter dem Fenster hängt der Beton in der Stahlarmierung des Fußbodens. Wir müssen ihn extra raushauen, mit dem altmodischen Hammer und dem altmodischen Meißel. Zweihundert Kilo Schutt liegen inzwischen im Flur, in schwarzen Plastiksäcken. Das Zimmer riecht noch immer nicht viel besser, weil der ganze aufgewirbelte Staub den Geruch durch die Luft trägt. Im Flur geht's, wenigstens solange man die Säcke nicht aufmacht. Wir stellen uns ans Fenster und schnappen frische Luft. Ich erzähle Klaus die skurrile Nebengeschichte der Wohnung.

Ursprünglich hat die Wohnung den Eltern der Frau gehört, die in Thailand gestorben ist. Sie haben sie ihrer Tochter überschrieben. Und nach ihrem Tod hat ihr Mann die Wohnung geerbt. Na, dann bringt er sich um, und wer erbt jetzt die Wohnung? Seine Eltern. Die Wohnung wandert somit auf Umwegen von ihren Eltern zu seinen Eltern. Also, wenn meine Tochter mal heiratet, sorge ich dafür, dass so etwas nicht passiert. Wobei ich natürlich nicht davon ausgehe, dass dies geschehen könnte, um Gottes willen, nein, ein Alptraum. Aber falls doch, im Fall der Fälle oder bei einer Scheidung, dann sorge ich dafür, dass die Wohnung wieder an uns fällt.

»Wie bei meiner Exfrau«, sagt Klaus, »da hat's meine Schwiegermutter genauso gemacht.«

»Ja, sicher«, sag ich, »das sähe ich ja gar nicht ein. So nett kann mein Schwiegersohn gar nicht sein ...«

Wir machen uns wieder an die Arbeit. Nachdem wir die belasteten Estrichteile entfernt haben, rühren wir Lösungen aus Chlorbleichlauge an, in unterschiedlicher Konzentration. Sie soll den Geruch bekämpfen, an der Decke, an den Wänden, am Boden. Ganz besonders am Boden, dort, wo die Leiche gelegen ist, nehmen wir sicherheitshalber die höchste Konzentration, weshalb die Luft im Raum wegen der Chlordämpfe schnell unerträglich wird. Wir schrubben den aufgerissenen Estrich, die Wände, die Decke. Es riecht immer noch etwas nach Leiche, aber inzwischen stark vermischt mit dem Geruch von Hallenbad. Langsam lässt auch unsere Urteilsfähigkeit nach, wir wissen jetzt selbst nicht mehr genau, ob eine Stelle noch riecht oder ob wir uns das nur einbilden. Wir bürsten wirklich kräftig, das sollte in jedem Fall genügen. Jetzt müssen wir es einwirken lassen.

Wir beschließen, in der Zwischenzeit zum Griechen eine Kleinigkeit essen zu gehen, und ziehen unsere Overalls aus. Und wir reißen, bevor wir die Wohnung verlassen, die Fenster auf.

Klaus denkt dasselbe wie ich.

»Wirst sehen«, sagt er, »in drei Wochen rufen die uns wieder an, und dann heißt's: ›Mei, wir haben gedacht, der Geruch ist weg, aber jetzt ist er wieder da.‹«

»Ich weiß«, sage ich, »ich hab's dem Besitzer auch schon gesagt.«

»Und?«

»Er will's nicht.«

Klaus schüttelt den Kopf. Der Raum trocknet bereits wieder ab. Ich will gerade aus der Wohnung gehen, als mein Blick noch einmal auf das freigemeißelte Rechteck auf dem Estrich fällt. Es war gleichmäßig hellgrau, als wir die Chlorbleichlauge darauf ausgebracht haben. Die verdunstet jetzt, unterschiedlich schnell, in helleren und dunkleren Bereichen.

Und aus den dunkleren Flecken im Beton setzt sich langsam, aber deutlich ein Umriss zusammen, den ich eigentlich nicht wieder sehen wollte.

Der Umriss der Leiche.

2. Unordnung

Mein Name ist Peter Anders. Ich bin 44 Jahre alt und arbeite als Tatortreiniger. Tatortreiniger sind die Leute, die dem Tod so ähnlich hinterherputzen wie eine Mutter ihrem unordentlichen Kind. Wenn der Tod nicht aufgeräumt hat, bringe ich das Zimmer oder manchmal die ganze Wohnung wieder in Ordnung. Und dass der Tod nicht aufräumt, kommt öfter vor, als man glaubt. Ich muss es wissen, denn ich bin nicht nur Tatortreiniger, sondern Berufsfeuerwehrler, und Feuerwehrler sind die, die die Toten in den meisten Fällen finden.

Rund 240 000 Wohnungsöffnungen gibt es pro Jahr in Deutschland, 3000 allein in München, mehrere Hundert davon laufen auf der Feuerwehrwache Westend ein, bei der ich arbeite. Das heißt noch lange nicht, dass wir hinter jeder Tür einen Toten entdecken, meistens ist das sogar nicht der Fall. Manchmal hat jemand nur eine Herdplatte auszuschalten vergessen oder den Müll nicht ausgeleert, bevor er vier Wochen in den Urlaub gefahren ist, und die Nachbarn rufen, sobald sie den Qualm sehen oder den Gestank riechen, die Feuerwehr. Bei der Gelegenheit: Recht haben sie, dafür sind wir da, und selbst wenn wir keinen Toten finden, muss niemand etwas dafür bezahlen. Aber der Tod ist auch nicht gerade selten die Ursache für unseren Besuch: Er ist es in etwa jedem dritten oder vierten Fall, und das geht dann quer durch den Gemüsegarten, das sind

Selbstmörder, Verunglückte, Getötete. Dennoch bin ich als Tatortreiniger nicht immer gefordert, normalerweise geht der Tod recht ordentlich vor. Da genügt dann der ganz normale Bestatter. Nur in drei Fällen ist das nicht ausreichend.

Das ist zum einen, wenn Leute sich auf eine eher unschöne Art und Weise umbringen. Beim Suizid sind die Geschmäcker ja verschieden. Selbstmordkandidaten befassen sich mit dem Gedanken an Selbsttötung zwar meistens schon länger, aber den für sich richtigen Weg zu finden ist oft schwer. Wenn sie ihn jedoch gefunden haben, werden sie ihn auch nutzen – und dabei ist ihnen dann völlig egal, wie hinterher die Wohnung aussieht. Und die sieht nun mal bei einem Erhängten anders aus als bei jemandem, der beschließt, sich in den Kopf zu schießen oder sich die Pulsadern im Wohnzimmer zu öffnen oder die alte Handgranate aus dem Zweiten Weltkrieg vom Großonkel in seinem Schoß zu zünden. In einigen dieser Fälle ist es hinterher ganz sinnvoll, einen Tatortreiniger zu rufen.

Der zweite Fall ist ähnlich, betrifft aber Gewaltverbrechen. Morde oder Amokläufe zum Beispiel. Das ist ja auch verständlich: Wenn ein Amokläufer durch eine Schule läuft, Dutzende Leute tötet, anschießt, wer soll denn hinterher die Spuren entfernen? Der Hausmeister, der am Ende genauso traumatisiert ist wie die Kinder und Lehrer? Undenkbar.

Der dritte und für uns gängigste Fall ist allerdings, wenn der Tod seine Arbeit gemacht hat und vergisst, Bescheid zu sagen.

Ein Toter schreit nicht. Er telefoniert nicht und er ruft

17

nicht an. Er stirbt auch nicht immer bei einer lauten Explosion, sondern viel öfter an einem leisen Organversagen. Er sagt vielleicht noch »Upps!« und fällt auf den Boden. Und dabei fällt er auch nicht um wie ein Baum im Wald, mit einem gewaltigen Krachen, sondern eher rumpelig, wie ein Sack Kartoffeln. Das ist ein Geräusch, das in der Mietwohnung darunter gar nicht auffällt. Da sitzt der Mann vielleicht auf dem Sofa oder am Esstisch und sagt zu seiner Frau:

»Hast du was gesagt?«

Und die Frau sagt: »Nein, wieso?«, und dann hat man es schon wieder vergessen.

Und wenn dem Sterbenden schwummrig wird, während er vielleicht ohnehin schon auf einem Sofa sitzt und gerade fernsieht, dann hört man am Esstisch unten drunter überhaupt nichts.

Bei manchen dieser Verstorbenen nehmen dann andere dem Tod das Bescheidsagen ab. Da kommt irgendwann in den nächsten Tagen irgendjemand zu Besuch, das kann die Nichte sein, die Tochter, der Freund. Der Besuch klingelt an der Tür und der Sack Kartoffeln macht nicht auf, dann rufen die Nichte, die Tochter, der Freund an, aber der Kartoffelsack geht auch nicht ans Telefon, da meldet sich höchstens noch der Anrufbeantworter. Und nach einer Woche machen sich die Nichte, die Tochter, der Freund dann Sorgen und rufen die Feuerwehr. Bei manchen Toten kommt auch keine Nichte, keine Tochter, kein Freund, aber da kommt wenigstens der Postbote, oder sie haben vielleicht eine Zeitung abonniert, die nach wenigen Tagen unten den Briefkasten verstopft. Dann hilft dem Tod irgendwann der Hausmeister, wenn er jeden Tag über die Zeitungen stolpert. Aber es gibt eine Menge Leute, die keine Zeitung bekommen und keine Post und rein gar nichts. Die keine Nichte haben, keine Tochter, keinen Kumpel und keine alte Schulfreundin vom Kaffeekränzchen, die alle 14 Tage ihre ausgelesenen Klatschmagazine vorbeibringt. Und wenn das so ist, dann passiert in der Wohnung lange sehr, sehr wenig.

In der Wohnung darunter stört die Stille von oben keinen. Nur irgendwann, nach vier Wochen oder nach sechs Wochen vielleicht, stellt man fest, dass es im Hausflur merkwürdig riecht. Und wenn der Mann morgens zur Arbeit gehen will und die Wohnungstür aufmacht, dann dreht er sich nochmal um und sagt zu seiner Frau: »Also, Schatz, ich weiß ja nicht, wie du das siehst, aber mir kommt es so vor, als wäre in diesem Sommer das mit den Fliegen besonders schlimm.«

Dann dauert das noch ein, zwei Wochen, bis alle anderen Mieter im Haus das ähnlich beurteilen und jemand die Feuerwehr ruft. Was die daraufhin vorfindet, ist mehr, als ein Bestatter abtransportieren kann. Der packt den Leichnam ein, sicher, aber der Leichnam ist in keinem guten Zustand mehr. Da ist das, was von ihm zurückbleibt, manchmal mehr, als das, was der Bestatter mitnimmt. Und von diversen Insekten wollen wir gar nicht reden, die sind nun wirklich nicht der Job des Bestatters.

Und wenn der Hausverwalter dann völlig ratlos neben der Feuerwehr steht, sich die Hand vor die Nase hält und sagt: »Ja, wenn Sie das nicht machen – wer macht denn nun so was?«, dann sagt ihm der Feuerwehrmann oder der Polizist, dass er einen Tatortreiniger braucht und dass er vielleicht unter dem Stichwort mal im Internet suchen sollte.

Und dort findet er unter einigen Anbietern auch mich.

3. Wieso ich?

Es ist komisch, aber ich würde heute nicht Leichenreste aufwischen, wenn ich als Jugendlicher nicht Fußball gespielt hätte. Ich hatte als Torwart beim VfR Garching angefangen. Und letztlich waren alle meine Mannschaftskameraden bei der freiwilligen Feuerwehr. Was in einer Jugendmannschaft fast zwangsläufig bedeutete, dass ich da ebenfalls hinmusste, wegen des Gruppendrucks. Gruppendruck kann ja manchmal zu viel Blödsinn führen, aber in diesem Fall auch zu sinnvollen Dingen. Ich ging also mal probeweise mit, und ich war begeistert: 1983 habe ich dort richtig angefangen. Das war rundum super, da war was los, ich erlebte all die Sachen aus erster Hand, die sonst nur in den Nachrichten zu sehen waren, ich war mit dabei. Blaulicht, Held sein, Adrenalin, besser ging's ja gar nicht. Und am meisten bewunderte ich die Notärzte. Für mich war jeder Notarzt so was Ähnliches wie John Wayne. Sobald der als Sheriff in den Saloon kommt, geht ein Raunen durch die Menge und man ahnt: Der wird für Ordnung sorgen, jetzt wird alles gut. Und an Unfallorten war es ganz genauso: Wenn der Notarzt kam, atmeten alle auf. Jetzt wird alles gut. So wollte ich auch eintreffen. Leider war ich nur auf der Realschule, ein Abitur war außer Reichweite, und damit auch ein Medizinstudium. Aber bei einem Unfalleinsatz in Garching habe ich dann herausgefunden, dass es noch einen anderen Weg gab, ein wenig wie John Wayne zu sein.

Es war einer meiner ersten Unfälle, und der war wirklich brutal. Es war an einem Freitag, um die Mittagszeit. Ein Fahranfänger hatte ihn verursacht, ein Neuling, der seinen Führerschein erst seit drei Stunden hatte. Er hatte nichts Besseres zu tun gehabt, als im Affentempo mit seinem Auto einen Bus zu überholen. Dabei bekam er zwar noch mit, dass ihm jemand auf der anderen Fahrspur entgegenkam. Aber beim hektischen Einfädeln auf seine rechte Fahrspur verlor er die Kontrolle über seinen Wagen, kam ins Schleudern und rauschte frontal in das entgegenkommende Auto. Ihm selbst ist wie so oft bei Unfallverursachern nicht viel passiert, aber der Fahrer des anderen Wagens war komplett eingekeilt. Wir öffneten die Tür, entfernten so viel Blech wie möglich, aber rausholen konnten wir ihn nicht. Er hatte schwere innere Verletzungen und Blutungen. Also warteten wir auf den Notarzt. Doch John Wayne kam diesmal nicht.

Die Zeit zog sich hin, und dem Opfer lief während der ganzen Zeit das Blut in den Mund. Wir wussten nicht, was wir tun konnten oder tun durften. Wir haben ihm Mut zugesprochen, sicher, aber letzten Endes haben wir nur gehofft, dass der Notarzt rasch käme. Und währenddessen haben wir dem Opfer mehr oder weniger hilflos zugesehen, wie sich sein Mundraum mit Blut füllte. Heute glaube ich zwar, dass er in Wirklichkeit innerlich verblutet ist, aber so, wie er blubberte und röchelte, kam es mir letztlich fast vor, als würde er in seinem Blut ertrinken. 30, 40 Minuten dauerte es, bis der Notarzt endlich kam. Und als er eintraf, war das Opfer bereits tot.

Dass er so lange unterwegs war, muss nicht die Schuld des Arztes gewesen sein; es ist in ländlichen Gegenden auch heute nicht einfach, überall blitzschnell einen Notarzt hinzubekommen, gerade am Freitagmittag, wenn das Wochenende anfängt. Aber in diesem Moment war mir klar, wie ich auch ohne Medizinstudium ein bisschen John Wayne sein konnte. Ich wollte Rettungsassistent werden. Rettungsassistenten sind die Jungs, die den Notarzt zur richtigen Zeit ans Ziel bringen, die ihn fahren und ihm auch bei der Arbeit assistieren. Und das konnte ich werden, das ging ohne Abitur.

Dieses Ziel legte die Etappen meiner Ausbildung fest. Die Rettungsassistenten wurden und werden in München von der Berufsfeuerwehr bestückt. Also musste ich Berufsfeuerwehrmann werden. Aber das kann nicht jeder: Wer zur Berufsfeuerwehr will, muss vorher einen Handwerksberuf lernen, denn die Feuerwehr braucht Leute, die mit ihren Händen was anfangen können, Leute, die wissen, wie etwas funktioniert, wie man es repariert oder zerlegt oder umfunktioniert. Also lernte ich zunächst den Beruf des Kraftfahrzeugmechanikers. Und damit bewarb ich mich 1987 bei der Berufsfeuerwehr. Ich wurde auch prompt genommen. Und nach drei Jahren sattelte ich die Ausbildung zum Rettungsassistenten drauf. Wohin es mich später verschlagen sollte, konnte man da schon ein wenig ahnen: Denn der schönste Tag meiner Ausbildung war für mich der Besuch in der Rechtsmedizin.

Letztlich dient dieser Teil der Ausbildung dazu, einmal einen Menschen von innen zu sehen, sonst ist das ja alles sehr graue Theorie. Und in der Rechtsmedizin geht es schon etwas rustikal zu, das ist keine Schönheitsklinik, die Mediziner dort sind relativ sachlich, da wird der Mensch mitunter komplett ausgehöhlt, dann wird alles wieder reingesteckt, mit etwas Zeitungspapier ausgestopft und mit einer Paketschnur zugenäht. Das schaut manchmal recht bizarr aus.

Uns angehenden Rettungsassistenten haben sie drei Fälle gezeigt. Der erste waren zwei Menschen, die bei einem Verkehrsunfall verbrannt sind. Ein Müll-Laster war an einem Stauende auf einen Pkw aufgefahren, und der Pkw war in Brand geraten. Hier wollten Polizei und Staatsanwalt herausfinden, ob die Opfer nach dem Aufprall noch gelebt hatten – also ob der Aufprall Todesursache gewesen war oder die Flammen. Beantworten kann man diese Frage nur nach einem Blick in die Lunge, denn wer tot ist, atmet nichts mehr ein. War die Lunge rußfrei, mussten die beiden vor dem Brand gestorben sein, war sie verrußt, hatten sie den Brand noch zumindest atmend mitbekommen, wenn auch vielleicht nicht mehr bei Bewusstsein. Wir standen direkt daneben, haben auch ein bisschen mitgeholfen, wie sie die Körper öffneten, den Brustkorb, wie sie in die Lunge guckten und dann zu dem Schluss kamen: Das Feuer war's.

Schon zu diesem Zeitpunkt ging es einigen aus dem Kurs nicht besonders gut, aber ich war total fasziniert. Wie eine Lunge aussieht, wie das Gehirn aussieht, leibhaftig, das hätte ich ewig ansehen können. Als Nächstes kam ein ähnliches Problem wie bei den Brandopfern vom Unfall zuvor, aber ein Mordfall. Ein Mann war tot mit dem Kopf in einer Toilettenschüssel aufgefunden worden, und die Frage war hier: War er im Toilettenwasser ertrunken oder schon vorher tot? Anschließend wurde ein alter Mann hereingeschoben, der stark aufgedunsen war, eine lange liegende Leiche, eine, die aus einer der Wohnungen hätte stammen können, die ich heute reinige.

Ich konnte mich gar nicht sattsehen. Jedes Mal ein neues Schicksal, eine neue Geschichte, und zusätzlich konnte ich etwas in aller Ruhe betrachten, was ich unter normalen Umständen nie oder nur relativ kurz sehen würde, weil ich mich als Rettungsassistent noch um so viel anderes zu kümmern habe. Zudem faszinierte mich dieser professionelle Umgang mit etwas, das man sonst nur mit viel Distanz behandelt. Die Rechtsmediziner nahmen zum Beispiel beim Kopf das Skalpell, machten einen sauberen Schnitt über die Stirn von Ohr zu Ohr, dann klappten sie die Kopfschwarte hinten und vorne hinunter wie bei einer Banane. Anschließend sägten sie mit einem ganz feinen Allesschneider, einer Art winziger Kreissäge, einmal rundherum um den Schädel, aber nicht ganz durch den Knochen, damit sie das Gehirn darunter nicht beschädigten – das wollten sie ja untersuchen. Darum nahmen sie, nachdem sie diese Sollbruchstelle rund um den Kopf gefräst hatten, einen Hammer und einen Meißel, setzten einmal an der richtigen Stelle an und – plopp! – hatten sie die Schädelkalotte in der Hand, für Nichtmediziner: den Deckel. Dann nahmen sie so eine Art Spargelstecher, mit dem holten sie das Gehirn samt dem verlängerten Rückenmark in einem Griff raus. Und für die abschließende Gewebeprobe, die ja von jedem ihrer Kunden dort aufgehoben wird, schnitten sie mit einem superscharfen Messer aus diesem Gehirn eine schöne, gleichmäßig dünne Scheibe raus. Von Hand übrigens, nicht mit einem Elektromesser. Und diese Proben gibt's nicht nur vom Gehirn, auch Lunge, Leber und Herz werden aufgehoben, und bei einer Darmprobe wird der Darm ausgepresst wie eine Weißwurst und etwas vom Inhalt aufgehoben. Falls man später einmal neue Untersuchungsmethoden entwickelt, mit denen man aus diesen Proben neue Erkenntnisse gewinnen kann. So sah es für mich jedenfalls aus; Rechtsmedizinern stehen bei meiner Beschreibung vielleicht die Haare zu Berge. Ich jedenfalls hätte da tagelang zusehen können und den Mitarbeitern Löcher in den Bauch fragen. Mein Ausbilder hat schon gesagt: »Tuat's den Anders von der Leiche weg, sonst schlüpft er noch rein …«

In die Leiche würde ich natürlich nicht schlüpfen. Aber ich will die Zusammenhänge begreifen. Ich will wissen, was wo ist, wo alles in welchem Zustand sein soll und was passiert, wenn das nicht so ist. Die Rechtsmedizin ist für mich etwas Ähnliches wie die Sendung mit der Maus. Wie funktioniert der Mensch? Und das ist ja auch nicht Selbstzweck: Bei den Einsätzen als Rettungsassistent kann ich mich nicht erinnern, dass sich jemand einmal beschwert hätte, weil ich zu wenig über sein Innenleben weiß.

Diese Herangehensweise klingt vielleicht für manche arg handwerklich, fast herzlos, aber ich bin der festen Überzeugung, dass wir gerade bei den Chirurgen mehr Handwerk brauchen. Rettungsassistenten sind öfter zu Gast in Operationssälen, damit sie beispielsweise lernen, wie man intubiert. Da sieht man manchmal Ärzte herumhantieren, dass einem als gewissenhafter Handwerker schlecht wird. Das muss wirklich nicht sein, finde ich. Bei uns muss ein Arzt immer alles können, dabei ist das völliger Unsinn. Wer in der Medizin richtige Diagnosen stellen und erklären kann, aber nicht gut operiert, der soll die Patienten betreuen und beraten, und im OP kann dann der schweigsamste, unfreundlichste Stoffel stehen, der dafür feinmechanisch ein absolutes Ass ist und künstliche Hüftgelenke einsetzt wie der Mechaniker vom Michael Schumacher Motorventile. Und wenn der Patient aufwacht, kann ihn dann ja wieder der freundliche Doktor mit den zwei linken Händen betreuen. Wenn ich einen bestimmten Notarzt fahre, sagt der oft zu mir: »Intubier du mal, du kannst das besser, du machst das öfter.« Ist ja in Ordnung, weil ich es tatsächlich öfter mache als er. Mich freut das Kompliment, ich intubiere gern und entsprechend sicher, und er trifft dafür andere und wichtigere Entscheidungen.

Ich gehe auch heute noch mit Vergnügen in die Rechtsmedizin, um was Neues zu lernen. Weil ich inzwischen Lehr-Rettungsassistent bin und die Themen für die Ausbildung mit auswählen kann, begleite ich meine Schützlinge dorthin. Ich spreche mit den Rechtsmedizinern, mache einen Termin aus, und dann kommen wir mit der ganzen Gruppe zu Besuch. Ich bin auch nach dem Vortrag immer noch der, der am längsten Fragen stellt, während die Auszubildenden schon entweder bewusstlos oder eingeschlafen sind. Auf jeden Fall kann man jetzt vielleicht ganz gut nachvollziehen, warum ich mich so ärgere, dass ich 2003 diese »Körperwelten«-Ausstellung in München verpasst habe, von diesem Professor, der die Toten in Plastik taucht und aufklappt wie ein 3D-Bilderbuch. Faszinierend!

Ich bin letzten Endes also tatsächlich Rettungsassistent geworden, und dabei hätte es von mir aus schon bleiben können und auch sollen. Mit Rettungsassistent und Feuerwehrmann waren schon mal 90 Prozent meiner Träume erfüllt. Und sind es eigentlich auch heute noch. Das können manche Leute gar nicht glauben, wenn ich es ihnen erzähle: dass ich noch immer so aufgeregt und begeistert bin wie vor jetzt fast 20 Jahren, wenn ich in den Feuerwehrwagen steige und das Blaulicht einschalte. Das ist einfach ein sensationelles Gefühl: Man saust durch die Stadt, links und rechts weichen alle aus, man hat die ungeteilte Aufmerksamkeit, mehr Mr Wichtig kann man gar nicht sein. Ich war damals absoluter Feuerwehrjunkie, ich war hauptberuflich in München, ehrenamtlich in Garching und nebenher bin ich auch noch gelegentlich Rettungsdienst für die BRK-Wache in Eching gefahren. Mein Leben war praktisch rund um die Uhr: Feuerwehr und Rettungsdienst. Und ich fand es schade um jeden Einsatz, bei dem ich nicht dabei war, als würde ich dann ganz bestimmt das Abenteuer meines Lebens verpassen. Es fällt mir übrigens auch heute noch schwer, irgendeinen Einsatz nicht mitzumachen. Ich war also glücklich und mit schön viel Feuerwehrerei versorgt, bis dieses Fax kam.

Das muss etwa 1997 gewesen sein. In diesem Fax stand, dass irgendwo in Deutschland ein Schädlingsbekämpfer eine Freiwillige Feuerwehr erfolgreich auf Unterlassung und Schadensersatz verklagt hatte, weil sie ein Wespennest beseitigt hatte. Das bedeutete, dass das mittelfristig auch für uns gelten würde. Im Prinzip ist das auch sehr vernünftig: Wenn in der Nähe ohnehin ein Schädlingsbekämpfer arbeitet, muss die Feuerwehr nicht eingreifen – außer, wenn akut Gefahr droht. Wir öffnen ja auch nur dann Türen, wenn eine Notsituation eingetreten ist oder befürchtet wird. Ansonsten sagen wir Anrufern: »Ja, das ist für Sie zwar unangenehm, aber dafür haben Sie in Ihrer Stadt einen Schlüsseldienst. Und der kommt rund um die Uhr.« Jetzt ist ein Wespennest zwar nicht angenehm, aber auch nicht jedes Mal eine schlimme Bedrohung: Man kann den Leuten in den meisten Fällen also durchaus zumuten, dass sie die Fenster in ihrer Wohnung schließen, bis der Schädlingsbekämpfer bei ihnen eintrifft – was er übrigens häufig genauso rund um die Uhr macht wie der Schlüsselkollege.

Im Sommer gibt es jede Menge Wespen, und ich wusste aus eigener Erfahrung bei der Feuerwehr, dass sehr oft das Anstrengendste bei dieser Arbeit die Anfahrt ist. Dieses Geschäft habe ich den Profis nicht gegönnt, zumal ich ja nicht weniger Profi bin als die. Außerdem ist es ein schönes Gefühl, Wespen zu entfernen: Die Leute sind oft sehr beunruhigt, sehr besorgt, und wenn ich dann komme und die Sache in die Hand nehme, ist das eine richtig schöne kleine Portion Heldentum für zwischendurch – das wollte ich auch weiter machen. Also habe ich 1997 meine eigene Schädlingsbekämpfungsfirma gegründet: »Wespi München«. Und ab da war ich nach Feierabend auch noch nebenberuflicher Wespenjäger. In einem gewissen Sinne sogar Bauunternehmer, weil Wespennesterbeseitigen in Deutschland als Bauleistung gilt, weshalb man bei großen Wohnungsverwaltungen immer noch einen Bauauftrag braucht, bevor man ein Wespennest entfernt. Warum das so ist, weiß ich nicht. Ist halt Deutschland.

Alles andere war 1997 noch viel einfacher. Ich habe ein Gewerbe angemeldet, gesagt, was ich machen möchte, die IHK gefragt, ob ich irgendwelche Voraussetzungen erfüllen muss oder eine Ausbildung brauche. Brauchte ich aber nicht. Ich hab den Wirkstoff, den ich verspritzen wollte, angegeben, das ging alles noch ohne Gefahrstoffverordnung, das konnte damals im Grunde jeder machen, der Beruf war weder geschützt noch sonst was, und ein Feuerwehrler konnte das dann natürlich schon dreimal. Ich hab die Hausverwaltungen angeschrieben und angefangen. Das lief ganz gemütlich an, ist dann aber immer schneller gewachsen, bis ich 2005 sogar die Arbeit bei der Freiwilligen Feuerwehr aufgeben musste. Und es ist auch nicht bei den Wespen geblieben.

Wenn man mit so etwas anfängt, bleibt es nicht aus, dass einen die Leute auch in anderen Fällen um Rat fragen. Hornissen, Ameisen, Silberfischchen, Speckkäfer, Mäuse, Schaben, Ratten. Also sagt man: Warum nicht? Und stellt fest, dass man in manchen Fällen mit verschiedenen Insektiziden hantieren muss und den Nachweis der entsprechenden Sachkenntnis braucht, um sie zu kaufen. Also habe ich verschiedene Fortbildungen gemacht, bei der FHT, der Fachhochschule für Hygienetechnik, und alles gelesen, was mir so unterkam. Ich lese keine Romane, aber in Fachbücher fresse ich mich richtig rein. Ich habe die Fachblätter der Branche abonniert, *PestControl* und *DPS*, das ist das Vereinsblatt des Bundesverbands und steht für *Der praktische Schädlingsbekämpfer*. Ich weiß, was man im Freien einsetzt, was in Innenräumen, was für welche Tierart, und habe mir nach und nach so meine Tricks erarbeitet, wie man welches Tier auch dazu bringt, das passende Mittel einzunehmen. Heute löse ich so ziemlich jedes Problem, das einem als Schädlingsbekämpfer unterkommen kann. Marder, Bienen, Flöhe, einfach alles. Und deshalb kam das Münchner Kriseninterventionsteam KIT auch auf mich zu, als sie 2007 einen 24-Stunden-Notdienst zur Tatortreinigung suchten.

Das KIT hatte seine Arbeit 1994 aufgenommen. Auslöser war ein Münchner Trambahnfahrer gewesen, der einige Zeit zuvor unverschuldet ein Kind überfahren hatte. Einige aufmerksame Sanitäter des Arbeiter-Samariter-Bundes hatten mitbekommen, dass sich zwar alle um die Eltern kümmerten, aber niemand um den traumatisierten Fahrer. Das KIT hat das geändert. Bei Katastrophen oder besonders bedrückenden Ereignissen helfen sie seitdem auch den mittelbar Betroffenen. Und dabei haben sie mit der Zeit gemerkt, dass es niemanden gab, der sich nach Gewalttaten oder Wohnungsöffnungen um die Reinigung kümmerte. Da wurden Gebäudereiniger bestellt oder Hausmeister, Leute, die damit fachlich und seelisch überfordert waren. Gut, wenn jemand in einer Wohnung vier Wochen lang vor sich hin verwest, sollte man nicht den Angehörigen das Reinigen der Wohnung überlassen – aber deswegen sollte man auch nicht den Hausmeister fürs Leben schocken.

Nicht immer muss es in solchen Fällen schnell gehen, mitunter aber doch. Darum wollte das KIT eine 24-Stunden-Bereitschaft. Aus diesem Grund waren die Gebäudereiniger schnell aus dem Rennen: Die bieten das normalerweise nicht an, weil man ein Gebäude genauso gut auch während der normalen Arbeitszeiten putzen kann. Ich aber hatte diesen Service als Wespenentferner und Schädlingsbekämpfer sowieso im Angebot. Und dass ich wenig bis keine Berührungsängste mit dem Tod und seinen Resten hatte, konnten die Leute vom KIT mit Recht annehmen: Die wussten ja, dass ich zudem auch noch Rettungsassistent bin.

4. Was bleibt

Wer einen Leichenfundort reinigen will, muss als Erstes wissen, in welchem Stadium die Leiche gefunden wurde, wie lange sie an dem Ort und worauf sie gelegen hat. Und um aus diesen Angaben die richtigen Schlüsse zu ziehen, muss man wissen, was im Normalfall mit einer Leiche passiert, wenn sie eine Zeit lang irgendwo liegt. Ich versuche das im Folgenden einmal zu beschreiben, deshalb eine kleine Vorwarnung: Im Grunde folgt jetzt ein bisschen Biochemie. Aber schwer wird's nicht.

Was ist der Unterschied zwischen einem lebenden Körper und einem toten? Der lebende Körper kann seine Zellen am Leben erhalten, der tote nicht mehr. Eine der ersten Folgen dieser Tatsache sind die Totenflecken. Sie entstehen, weil der Blutkreislauf nicht mehr fortgeführt wird. Blut verhält sich auch im Körper wie eine ganz normale Flüssigkeit. Um dies zu verdeutlichen, braucht man zum Beispiel nur den Arm ein paarmal schnell ausgestreckt kreisen zu lassen, dann wird man feststellen, dass die Finger je nach Dauer und Geschwindigkeit rot bis dunkelrot anlaufen, weil die Fliehkraft das Blut in die Fingerspitzen treibt. Und wenn man danach die Hand in die Höhe hält, normalisiert sich die Farbe der Finger schneller, als wenn man die Hand baumeln ließe. Wird das Blut vom Herzen nicht mehr durch den Körper gepumpt, bleibt es nicht einfach überall stehen wie Gelee, sondern fließt wie alle anderen Körperflüssigkeiten der Schwerkraft folgend nach unten. Wer auf dem Rücken liegend stirbt, hat die Totenflecken daher am Rücken, an den Waden, an den Pobacken, den Fersen. Wer auf der Seite liegt, hat eine blau angelaufene Schulter.

Eine weitere Folge des Todes ist die Leichenstarre. Sie wird dadurch verursacht, dass der Körper – vereinfacht gesagt – den Kalziumgehalt in den Muskelzellen nicht mehr regelt. Die ursprünglich flexiblen Muskeln erstarren. Und dass diese Starre nach ein bis zwei Tagen wieder verschwindet, hängt damit zusammen, dass sich die Zellen nun aufzulösen beginnen. Zunächst in Eigenregie: Die Zellen recyceln sich beim lebenden Menschen ständig selbst, bestimmte Enzyme nehmen Baumaterial aus den eigenen Körperzellen, um neue Zellen herzustellen. Nach dem Tod tun diese Enzyme dasselbe wie immer, mit einem Unterschied: Aus ihrem Material wird nichts Neues mehr aufgebaut. Der Zersetzungsprozess beginnt. Der Körper verwest und er verfault, und das ist übrigens keineswegs dasselbe.

Verwesen ist die Zersetzung eines Körpers an der Luft. Verfaulen ist die Zersetzung unter Luft- und vor allem Sauerstoffabschluss. Diesen durchaus erheblichen Unterschied zwischen beiden Vorgängen kann man selbst überprüfen, und der Test ist sogar ziemlich lecker, wenigstens wenn man kein Vegetarier ist: Man gehe dazu in ein exzellentes Steakhouse und ordere ein schönes, großes Steak. Natürlich vom Rind.

Rindfleisch muss abhängen, damit es ein gutes Steak ergibt, und dieses Abhängen ist korrekt betrachtet nichts anderes als ein Teil des ganz normalen Verwesungsprozesses. Die Enzyme verändern die Zellstruktur, und nur dadurch bekommt man ausgezeichnetes, zartes, saftiges Rindfleisch. In New York haben manche Restaurants einen richtigen Kult draus gemacht und lassen ihre Steaks bis zu vier Wochen reifen. Was übrigens nur deshalb giftfrei funktioniert, weil sie mit einer cleveren Kältetechnik zugleich die andere Variante des körperlichen Zersetzens unterbinden: die Fäulnisprozesse. Wir können somit festhalten: Verwesung kann zu einem prima Steak führen, Verfaulung nicht – beides sind zwei extrem unterschiedliche Vorgänge.

Wenn man in der Materie schon so weit vorgedrungen ist, denkt man als Laie oft: Alles klar, die Leiche verwest, sie liegt ja an der Luft. So steht's schließlich auch meistens in der Zeitung, wenn eine Leiche nach langer Zeit gefunden wird – die ist dann »stark verwest«. Aber wenn die Zeitungen da ganz exakt arbeiten würden, müssten sie schreiben »stark verwest und verfault«. Denn im Körper selbst ist wenig bis keine Luft, und dort, wo der Leichnam am Boden aufliegt, wo die nach unten sackende Flüssigkeit ihn an den Untergrund presst, dort ist auch nicht viel Sauerstoff. Wenn also ein dicker Mann tot auf den Rücken fällt, dann verwest die Vorderseite seines Körpers, aber seine Rückseite, sein dicker Hintern verfault. Und seine inneren Organe auch. Er verwest und verfault an unterschiedlichen Stellen seines Körpers gleichzeitig. Man kann sich's ungefähr vorstellen wie bei einem Küchenlappen, den man nicht auswringt, sondern klitschnass zusammengeknüllt auf die Spüle pfeffert und dort vergisst. Außen trocknet der Lappen halbwegs, aber innen modert das Ganze, und wenn man nach vier Wochen den Lappen hochhebt, stellt man fest: Der riecht zum Wegschmeißen. Und hierbei handelt es sich nur um einen Lappen, also um Stoff- oder Pflanzenfasern. Aber ist daran Fleisch beteiligt, wird's richtig unschön.

Theoretisch lässt sich derlei verhindern, wenn der Leiche rasch die Feuchtigkeit entzogen wird. Bevor die alten Ägypter ihre Mumien einbalsamiert haben, hatten sie schon gelernt, dass allein Lagerung in der Wüste für längere Haltbarkeit der Toten sorgt, weil der Sand und die Hitze die Flüssigkeit rasch vertrocknen ließen. Aber in einer Wohnung sind normalerweise keine 50 Grad und eine dicke Sandunterlage hat auch niemand, damit bleibt es an Leichenfundorten beim Feuchter-Lappen-Prinzip.

An dieser Stelle kommen wir langsam zu den wirklich unappetitlichen Momenten. Ich verspreche, ich werde es so nüchtern wie möglich schildern, trotzdem ist weder die Schilderung noch die Vorstellung richtig erfreulich. Aber, wie gesagt, das Ganze ist wirklich nur reine Biochemie. Natur pur, sozusagen.

Bei der Verwesung beginnen nun allmählich Bakterien zu helfen. Sie kommen keineswegs nach und nach dazu, sondern sind immer schon da gewesen. Aber mittlerweile hat der Körper keine Abwehrkräfte mehr, und nach kurzer Zeit zerlegen ihn darum nicht nur die eigenen Enzyme, sondern die Bakterien arbeiten dabei eifrig mit. Und nicht nur sie: Die Verfaulung sorgt für weitere Assistenten.

Wenn etwas verfault, ist das nicht nur ein anderer Vorgang als die Verwesung, es entstehen auch andere Zersetzungsprodukte. Es sind im Wesentlichen diejenigen Produkte, die auch gelegentlich den Hausmüll zum Stinken bringen oder den Kompost. Im Körper und an der Unterseite der Leiche entstehen Gase. Krimileser wissen das, vor allem aus Szenen, in denen Wasserleichen gefunden werden. Diese sind wegen jener Gase immer aufgedunsen und aufgebläht. Die Gase können nicht entweichen, weil eine chemische Reaktion den Körper unter Wasser mit einer wachsartigen Schicht überzieht, und blähen den Leichnam auf. In einer Wohnung ist das jedoch anders. Diese Gase entstehen zwar zunächst ebenfalls, entweichen dann aber relativ schnell aus dem Körper, leider. Die Wohnung riecht zuerst nicht gut, dann schlimm und irgendwann bestialisch. Meine Erfahrung dabei ist: Selbst wenn man glaubt, man hätte schon jede Variante von Leichenfundorten gerochen, gibt es immer eine Wohnung, in der es noch schlimmer riecht.

Diese Gase riechen nicht nur die Mitbewohner, die Nachbarn oder die Tatortreiniger. Es gibt Lebewesen, die sie ebenfalls riechen, und zwar viel, viel schneller als jeder von uns: Insekten. Da sich die Gase je nach Wetterlage mehr oder weniger schnell bilden, erfolgt die Ankunft der Insekten daher im gleichen Tempo. Kälte bremst, Hitze beschleunigt das Ganze, so, wie man eben auch im Sommer öfter den Müll rausbringen muss. An heißen Tagen finden die ersten weiblichen Schmeißfliegen einen Leichnam schon nach wenigen Minuten.

Die weiblichen Schmeißfliegen sind nicht deshalb so schnell, weil sie vielleicht Hunger haben. Für sie haben Leichen eine andere Funktion: Sie legen dort Eier ab, über 1000 Stück, mindestens, wenn eine Fliege gut drauf ist, schafft sie auch 2000. Die Larven der Schmeißfliege brauchen einen Organismus, der sich zersetzt. Normaler Hausmüll tut es im Grunde auch, aber totes Fleisch ist viel, viel besser geeignet. Und mit der Zeit ist immer mehr davon bei dem Toten zugänglich. Zuerst nutzt die Fliege die natürlichen Zugänge, Augen, Ohren, Nase, Mund und noch lieber frische Wunden, wie sie bei Unfällen oder Gewaltverbrechen entstehen. Und später dann die Stellen, die ihr der Zersetzungsprozess so nach und nach an Eingängen zur Verfügung stellt.

Diese Vorgänge laufen immer gleich ab, unerbittlich wie Naturgesetze, und genau deshalb sind sie nicht nur eklig, sondern sie können auch sehr nützlich sein. Man kann dadurch nämlich in der Kriminologie Rückschlüsse ziehen: Wenn man bei einer Leiche nicht weiß, wie lange sie am Fundort liegt, kann man aufgrund der Größe der Fliegenmaden, ihrer Verpuppungsstufe und Entwicklung zurückrechnen, wie viel Zeit seit dem Tod verstrichen sein muss. Ein ganzer Kriminologenzweig, die forensische Insektenkunde, hat sich darauf spezialisiert, die Reihenfolge festzulegen, welche Fliege und welcher Käfer wann bei welcher Leiche eintrifft. Die Fleischfliegen etwa kommen erst kurze Zeit nach den Schmeißfliegen, legen aber bereits lebende Larven.

Inzwischen hat die Verfaulung langsam die Unterseite des Körpers zerlegt. Das Prinzip ist so ähnlich, als hätte man beim Gemüsehändler eine große Papiertüte mit Tomaten gekauft und unterwegs stellt man fest, dass ein oder zwei davon matschig sind und die Tüte durchweichen, bis sie irgendwann reißt. So ist das auch mit dem

Leichnam, irgendwann weicht er unten durch, es ist ja auch sehr viel Flüssigkeit drin. Zu 70 Prozent besteht der Mensch nun mal aus Wasser. Und das drückt auf die immer maroder werdende Hautfläche, die den Körper zunächst noch nach unten abdichtet.

Ab dem Moment, in dem die Flüssigkeit unten austritt, greift für den Tatortreiniger wieder mehr die Mechanik ins Geschehen ein. Die reinigungsrelevante Frage ist: Wie saugfähig ist der Untergrund unter der Leiche? Oder wie gut dichtet er ab? Eine Badewanne etwa ist eine saubere Sache, da bleibt alles beisammen. Ein Teppichboden hingegen saugt gut auf und gibt alles nach unten weiter. Unter dem Teppichboden endet die Wohnung meistens nicht, dann kommt vielleicht das Parkett, das auch gut saugt. Oder der Estrich. Oder beides. Und damit sickern alle Geruchsstoffe, die so zuverlässig für den Fliegenbesuch sorgen, mit in den Boden. Dazu kommen dann die ganz normalen chemischen Reaktionen, die eben stattfinden, wenn man einen nassen Teppich unter Luftabschluss vermodern lässt. Wie bei unserem Küchenlappenexperiment vom Anfang, allerdings nicht mit Seifenlauge.

An der Qualität moderner Fenster und Türen liegt es, dass viele Nachbarn trotz des betäubend bestialischen Geruchs nicht auf die Vorgänge in der Nebenwohnung aufmerksam werden. Ich höre das oft im Gespräch auf dem Weg zur Wohnung oder wenn ich sie wieder verlasse. »Haben Sie denn nichts gerochen?«, frage ich manchmal, und eine der häufigsten Antworten, die ich dann bekomme, lautet: »Nein, eigentlich nicht.« Oder ich höre die Variante, bei der man annehmen kann, dass die Leiche näher an der Tür gelegen hat: »Irgendwann kamen halt unter dem Türspalt die Maden durch.«

Etwa zu diesem Zeitpunkt taucht dann meist der Tatortreiniger auf. Die Leiche ist üblicherweise schon von den Bestatterkollegen abgeholt worden, geblieben sind die Folgen: der Geruch und das, was von der nassen Papiertüte auf der jeweiligen Unterlage kleben geblieben ist. Und riesige Schwärme von Fliegen sowie deren Madenklumpen auf dem Boden. Was nicht nur ziemlich eklig sein kann, sondern auch noch ziemlich hinderlich: Wie bei jedem üblen Geruch kann man nämlich dem Leichengeruch entgehen, indem man durch den Mund atmet und so die Geruchsrezeptoren in der Nase umgeht. Aber wie soll man durch den Mund atmen, wenn die Luft voller Fliegen ist? Da sind einem die Käfer lieber, die fliegen nicht dauernd im Weg herum.

Der Speckkäfer ist mehr oder weniger als Letzter bei der Leiche eingetroffen, ist aber ein genauso zuverlässiger Stammgast und normalerweise immer dabei. Speckkäfer sind mit der Verwesung zufrieden, können den Körper verwerten, so, wie er ist, am besten sogar die bei Fliegen weniger gefragten Haare oder Fingernägel. Kürzlich habe ich gelesen, dass Museen diese Käfer sogar extra dazu einsetzen, wenn sie ein Skelett sauber präparieren und von Geweberesten befreien wollen.

Nur der Vollständigkeit halber: Was würde eigentlich passieren, wenn niemand die Leiche findet? Nun, die Kombination von Verfaulen und Verwesen bleibt, aber das Verhältnis ändert sich mit der Zeit. Man muss sich's jetzt ja nicht bildlich vorstellen, ich schildere es auch nur rein mechanisch: Der Körper zerfällt nach und nach, damit entstehen Öffnungen in der Oberfläche, durch die mehr Luft eindringt, und damit gibt's wieder mehr Verwesung und weniger Verfaulung. Weniger Verfaulung – weniger Geruch – weniger Fliegen – weniger Maden. Die Käfer bleiben allerdings bis zum Schluss.

Da könnte man natürlich auch auf die Idee kommen und sagen: Ich warte einfach mal ab, mit der Zeit nimmt ja der Verwesungsanteil zu, dann ist der Geruch weg und irgendwann muss ich nur die Knochen einsammeln und einmal durchkehren. Langfristig gesehen, stimmt das sogar: Sobald nur noch die Knochen des Skeletts vorhanden sind, hat man kein Problem mehr, Knochen riechen nicht. Aber da muss man schon mit sehr, sehr langen Zeiträumen rechnen. Wer vor hundert Jahren gestorben ist, ist heute sozusagen absolut geruchsneutral. Aber ich sag's gleich: Es gibt nicht viele Mieter oder Hausbesitzer, die so lange warten wollen.

5. Normal

Etwa zwei Drittel unserer Aufträge als Fundortreiniger betreffen lange liegende Leichen, von denen man gelegentlich in der Zeitung liest: Rentner, Alkoholiker, Vereinsamte. Die Schicksale dahinter sind zwar unterschiedlich, aber vom Handwerk her ähnelt sich unsere Arbeit in diesen Fällen stark. Ein solcher Normalfall beginnt zunächst mit einer Ortsbesichtigung.

Auch ich mag am Anfang nicht gern in die belasteten Räume gehen. Draußen bleiben kann ich nicht, das ist klar, ich muss ja wissen, was zu tun ist, was für Besonderheiten der Einsatz vorsieht, wie's in der Wohnung ausschaut, ob wir einen Container ordern oder ob ich nicht besser zwei bestelle, das merkt man ja nicht nur bei Umzügen, dass da ziemlich schnell ein unglaublicher Haufen Zeug zusammenkommt. Dieses Besichtigen und Einschätzen ist schon in der Wohnung insgesamt nicht immer angenehm. Aber der Raum, in dem die Leiche lag, ist ein Kapitel für sich, gerade am Anfang, wenn noch alles voller Fliegen ist.

Wir reden hier nicht von Fruchtfliegen, Florfliegen, so halbwegs kleinen, ästhetischen Viechern, oder von den noch halbwegs sympathischen Stubenfliegen. Sondern wir reden von diesen fetten, bunt schillernden Brummern. Sie sind aus den Maden geschlüpft und hängen in dicken Trauben am Fenster. In Räumen, in denen Leichen lange gelegen haben, ist anfangs meist regelrecht ein diffuses Dämmerlicht, weil so viele Fliegen sich an den Fenstern befinden. Die nimmt der Bestatter ja nicht mit, also sind sie, wenn wir mit der Arbeit beginnen, auch noch da. Aber damit wir vernünftig arbeiten können, müssen sie zuallererst weg. Denn sobald man reinkommt, fliegen sie einen an, ich weiß nicht, ob aus Neugier oder Langeweile oder weil sich was bewegt. Auch wenn eine Tatortreinigung nicht vergleichbar ist mit einem fliegenbesetzten Leichnam, auf den man bei einer Wohnungsöffnung mit dem Notarzt stößt, ist sie dennoch schlimm genug. Also begutachte ich die Wohnung und den Leichenfundort nicht länger als irgend nötig. Ich mache einen Kostenvoranschlag, wie jeder andere Handwerker auch, und wenn wir den Zuschlag bekommen, organisiere ich den ersten Reinigungstag. Wie viele Leute brauche ich, welche Sondergeräte, solche Sachen. Und dann machen wir uns auf den Weg zum Einsatz, normalerweise morgens.

Bevor wir anfangen, errichten wir einen Schwarz-Weiß-Bereich. Wir trennen extrem zwischen »Sauber« und »Schmutzig« und richten uns hier einen Abschnitt ein, der garantiert »sauber« ist. Es kann sein, dass das nicht alle Tatortreiniger so machen: Ich habe das Arbeitsprinzip von der Schädlingsbekämpfung übernommen, da hat man ja auch mit vielen Substanzen zu tun, die man nicht unbedingt essen sollte, weshalb für uns stets klar sein muss, ob man sich in »sicherem« oder »gefährlichem« Areal befindet. Wenn jemand Gebäudereiniger ist, hat er deshalb womöglich eine andere Vorgehensweise entwickelt. Jedenfalls sorgt bei mir der Schwarz-Weiß-Bereich für klare Verhältnisse. Und wenn die ganze Wohnung kontaminiert ist, errichten wir ihn außen vor dem Haus oder unten im Auto.

Dort stellen wir dann unsere drei Kisten mit dem Standard-Equipment auf. Eine Kiste mit unserer Schutzkleidung, den Overalls, Handschuhen, Atemschutzmasken, eine mit den gesammelten Putzmitteln und Chemikalien, eine mit der Putzausrüstung wie Bürsten, Schrubber, Mülltüten. Und wir beginnen, uns umzuziehen, mehr oder weniger komplett. Denn unter den hermetisch abgeschlossenen Overalls überlegt man sich bei jeder Kleidungsschicht, die man darunter trägt, genau, ob sie nötig ist. Und das ist nicht übertrieben: Wenn man im Hochsommer in so einem Erwachsenenstrampelanzug arbeitet, verliert man am Tag vier bis fünf Liter an Flüssigkeit – sogar, wenn man nichts als die Unterhose drunter trägt. Und weil die Overalls dicht sein müssen und es auch sind, verdunstet nichts, der Schweiß sammelt sich in den Stiefeln, Handschuhen, und am Ende des Tages kann man ihn da bequem rausgießen. Die Finger sehen jedes Mal ganz schrumpelig aus, als käme man nach drei Stunden aus der Badewanne. Das ist so unangenehm, dass man auch in extremen Fällen zweimal darüber nachdenkt, ob der dickere druckfeste Overall wirklich unvermeidlich ist, weil man bei dem noch anderthalb Liter Flüssigkeitsverlust dazurechnen kann.

Wir tragen grundsätzlich zwei Schichten Handschuhe. Relativ enge Modelle auf der Haut, dann dichte, aber robustere Modelle darüber. Ich will dieses Gefühl der Sicherheit, dass ich schlimmstenfalls auch im größten Dreck arbeiten kann, ohne dass irgendetwas zu mir durchkommt, und ich will, dass auch meine Mitarbeiter diese Sicherheit haben. Wenn der äußere Handschuh reißt, zieht man einen neuen an, einen von den blauen, die man auf dem Umschlagfoto sehen kann. Und dann kümmert man sich um die Schwachstellen: den Übergang vom Overall zu den Handschuhen und vom Overall zu den Stiefeln. Diese Stellen kleben wir mit einem speziellen Klebeband ab. Gaffa-Tape oder Panzerband heißt es in Deutschland, Duct-Tape in den USA, diese Bänder sind absolut dicht, unglaublich stabil und – das ist mindestens genauso wichtig, wenn man die Finger in zwei Schichten Handschuhen stecken hat – man kann sie trotzdem leicht von Hand in passende Streifen reißen.

Dabei sollte man noch eins bedenken: Dass man die Klebebänder notfalls auch mit den Handschuhhänden wieder lösen können muss. Deshalb darf man das Band nicht einfach bündig rundum kleben, weil man dann mit seinen dicken Fingern die Stelle mit dem Klebeband-Ende nie wieder loskriegt. Falls man nicht daran denkt, ist man, wenn man während der Arbeit aus seiner Ein-Mann-Wandersauna rauswill, schier am Verzweifeln. Also: Einfach am Ende des Bandes zwei Zentimeter umknicken, Klebeseite auf Klebeseite kleben, damit man eine schöne Reißlasche kriegt, schon geht alles viel einfacher.

Kommen wir zur Maske. Mein derzeitiger Favorit ist eine Vollmaske mit Glasvorsatz vor dem Gesicht und zwei Filtervorrichtungen, die man mit unterschiedlichen Filtereinsätzen für unterschiedliche Anforderungen bestücken kann, in unserem Fall mit Mehrbereichskombifiltern gegen Gas und Partikel. Ich habe das

Modell erst kürzlich entdeckt, es funktioniert tadellos, die beiden Filter links und rechts sind angenehmer zu tragen als der schwere einzelne bei den altmodischen Modellen, bei denen der Kopf vorne nach unten gezogen wurde, so dass man abends nach dem Nachhausekommen seinen Hals am liebsten abgeschraubt und weggeschmissen hätte. Und ein weiterer Vorteil: Die Schutzbrille beschlägt nicht dauernd. Das ist ein großes Problem. Bei manchen Brillen laufen die Gläser ständig an, oder der Schweiß kondensiert daran, das macht dann wirklich keinen Spaß mehr, unter solchen Bedingungen zu arbeiten. Aber wer ständig Räume vernebelt und mit aggressiven Reinigern arbeitet braucht einen vernünftigen Augenschutz. Und sobald wir unsere Schutzkleidung vollständig angezogen haben, kümmern wir uns um die Fliegen.

Wir versprühen dafür zunächst ein Insektizid, üblicherweise JuvenEx, ein Mittel von Frowein 808, eines mit Knock-down-Effekt. Das heißt: Man nimmt eine Dose, stellt sie erhöht in die Zimmermitte, schaltet den Sprühknopf ein und geht dann raus. In größeren Räumen befüllt man einen Vernebelungsautomaten mit dem martialischen Namen »Exodus« mit Aquapy, einem Bayer-Mittel. Beide Maßnahmen vernebeln den Raum gründlich, einige Minuten später lüftet man und kehrt das Fliegenproblem in einer Ecke zusammen. Das ist nicht nur eine Frage der Ordentlichkeit oder Ästhetik, sondern es ist auch sinnvoll, damit man nicht die ganze Wohnung mit zertretenen Fliegen versaut.

Je nach Zimmergröße braucht man dann auch mal eine Kehrschaufel, weil sonst neben dem Fliegenhaufen nicht viel Platz übrig ist, auf dem man stehen kann. Das Gefühl ist etwas gewöhnungsbedürftig, wenn man tote Fliegen in eine Tüte schaufelt wie andere Leute Puffreis. Aber damit ist erst einmal die Grundlage gelegt, dass man in dem Raum überhaupt arbeiten kann. Und bevor man zu schaufeln anfängt, bevor man überhaupt irgendetwas anfasst, desinfiziert man den ganzen Raum, überhaupt jeden Raum, der irgendwie kontaminiert ist. Und das sind praktisch alle, wegen der Fliegen. Sie sind ja all die Wochen nicht nur am Fenster gesessen, sie sind auch auf der Leiche herumgekrabbelt, haben gefressen, verdaut, Eier gelegt, und dazwischen haben sie sich immer wieder in der Wohnung umgesehen. Der Schmutz von den Fliegenbeinen klebt am Fenster, auf allen Möbeln, allen Wandflächen, und das ist nicht nur eine Sache von Mikroben, das sieht man auch. Die Pünktchen am Fenster, die Kleckse in der Wohnung, das ist so ähnlich wie ganz, ganz kleiner Taubendreck, aber man sieht ihn mit bloßem Auge.

Unser Standarddesinfektionsmittel heißt Kohrsolin, doch hier gibt es so viele Sorten wie bei der Handcreme, die alle im Prinzip ähnlich arbeiten. Man mischt damit eine Desinfektionslösung an, füllt sie in die Gloria 5050, ein Hochleistungssprühgerät, das nach demselben Prinzip arbeitet wie die riesigen Kinderwasserpistolen: Mit ein paar Pumpgriffen baut man Druck auf, schnallt sich die Flasche auf den Rücken und verteilt mit einem Sprühstab den Sprühnebel, wo immer man ihn braucht.

Nach 15 Minuten Einwirkzeit der Desinfektionsmittel gehen wir gegen den Geruch vor. Meine Mitarbeiter und ich ertragen davon einiges, und jeder von ihnen sagt dasselbe: Es gibt Tage, da steckt man ihn ganz gut weg, und Tage, da ist man ständig kurz vor dem Sich-Übergeben. Der Geruch muss also zuerst gemildert werden, schon um die Arbeit erträglicher zu machen. In extremen Fällen nutzen wir Geruchsüberdecker aus der Dose, aber das ist auch eine Preisfrage: Diese Mittel, die einen starken Eukalyptus- oder Mentholgeruch verbreiten, sind sündhaft teuer, die Dose kostet ab 25 Euro aufwärts, wirkt aber nur etwa eine Stunde – wenn man da zu viel nimmt, steigt einem hinterher der Kunde aufs Dach. Üblicherweise verzichten wir also darauf, es sei denn, wir arbeiten zu weit oben im Haus, ab dem dritten oder vierten Stock.

Das hat nichts damit zu tun, dass Leichen in höheren Stockwerken strenger riechen, sondern schlicht mit der Säuberung der Wohnung. Eine Tatortreinigung ist sehr oft auch eine Wohnungsentrümpelung. Deshalb ist idealerweise, kurz bevor wir uns umziehen, unten schon der Container angekommen, oder so eine lastwagengroße Blechmulde, wie man sie von Baustellen kennt. Den Container platziert man am besten vor einem großen Fenster oder vor dem Balkon, denn dann kann man in den unteren Etagen alles einfach aus dem Fenster reinwerfen. Spätestens ab der zweiten Etage geht das aber nicht mehr. Der Grund ist, dass ab dieser Höhe alles, was keine Matratze ist, beim Aufprall wie die reinste Splitterbombe wirkt. Dann müssen wir viel von Hand durch den Hausflur transportieren, und daher wird jetzt der Geruchsüberdecker unvermeidlich: Weil man den Mietern diesen furchtbaren Geruch natürlich nicht zumuten kann. In solchen Situationen sind diese Spraydosen

echte Wundermittel. Wir stellen eine im Flur ins Erdgeschoss, drücken den Auslöser – und pfft! – zieht das
Menthol rauf bis in den sechsten Stock.

Für uns heißt es in jedem Fall: Gas geben! Je schneller wir die Wohnung von den Geruchsherden befreit haben, desto schneller haben wir selbst eine einigermaßen
brauchbare Atemluft. Also fliegt erst mal alles raus, was
von der Leiche selbst übrig ist, das heißt, einfach alles,
was kleben und hängen bleibt, wenn der Bestatter die
Leiche anhebt und wegbringt. Reste von Blut, Magen-
inhalt, Darminhalt, Blaseninhalt, alles auf einer Unterlage aus durchgeweichten Hautresten. Je nach Liegezeit
in den Boden eingesickert und vermengt mit der jeweiligen Unterlage. Das kann bis zur Auflösung des Tep-
pichs gehen, denn Magensäure heißt nicht nur so, sie
ist auch eine echte Säure und greift daher jede Menge
Materialien an. Doch am unerfreulichsten ist, dass sich
hier die Fliegen bevorzugt sammeln, denn es ist die einzige Stelle, die zum Eierlegen noch vorhanden ist. Nachdem die Fliegen bereits im Jenseits sind, sind inzwischen
nur noch die Maden übrig, und je nach Alter sieht das
Ergebnis dann aus wie ein wirklich ekelhaft riechendes,
stark belebtes Risotto. Und wenn jemandem beim Le-
sen jetzt etwas schwummrig wird, kann ich versichern,
dass es mir oft genauso geht, während ich dieses Zeug
mit den Händen zusammenkratze und in eine Plastik-
mülltüte werfe – gegen das Gefühl helfen auch keine
Handschuhe.

Anschließend sind die Objekte dran, die mit der Leiche
und ihren Resten in Berührung gekommen sind. Bett,
Matratze, Rahmen, Teppich, Teppichboden, Parkett.

Fliesen auch, die sind zwar selbst dicht, aber die Fugen sind es nicht. Das heißt, Leichenbestandteile sickern hier durch, gelangen hinter die Fliesen, und von der Rückseite sind auch Fliesen nicht dicht. Kurz gesagt: raus, aber ganz, ganz vorsichtig. Es macht ja keinen Sinn, die stinkenden Teile zwar zu entfernen, aber dabei gleichzeitig den Rest der Wohnung zu versauen. Wir packen diese Teile daher – und weil wir den Transportcontainer nicht kontaminieren dürfen – vor dem Abtransport in dicke Plastikfolie. Leider geht das nicht immer im Ganzen.

Wir können keinen Teppich, keinen Tisch, keine Matratze einfach zusammenrollen und verpacken, sondern wir müssen alles zuvor in handliche Stücke zerlegen. Und ich meine damit wirklich: handlich. Was nicht heißt, dass wir keine größeren Teile tragen könnten, aber wir könnten diese nicht entsorgen, weil die Müllverbrennungsanlage die Annahme verweigert, jedenfalls die in München. Für den Abtransport lassen wir zwar eine Firma kommen, aber wenn deren Fahrer dann anschließend den Abfall nicht loswird, ist der Schwarze Peter wieder bei uns. Weshalb wir uns zum Beispiel mit einer blutdurchtränkten Schlafcouch oft länger befassen müssen, als uns lieb ist. Und obwohl wir inzwischen das passende Werkzeug dabeihaben – Stichsäge, Flex, handliche Profigeräte –, bis man alles zerlegt und in diese störrische Plastikfolie gezwängt und verklebt hat, da flucht man ganz schön über die MVA-Vorschriften.

Wenn die Geruchsherde selbst entsorgt sind, fliegt alles in den Müll, was dem Geruch zu lange ausgesetzt war. Textilien, Möbel, Lampen – da braucht keiner zu kommen und zu sagen, er wolle dies oder jenes noch retten: Den Gestank kriegt man nicht mehr raus. Das ist wie bei der Kommode, die man von der Oma geerbt hat, und jedes Mal, wenn man die oberste Schublade aufmacht, riecht es noch immer ein bisschen wie damals in Omas guter Stube. Ganz genauso ist das mit Möbeln aus Leichenwohnungen, aber was da rausriecht, ist ganz bestimmt keine Nostalgie.

Ich gebe zu, manchmal finden wir es selbst schade, alles in den Müll schmeißen zu müssen. Wir haben einmal einen nagelneuen Flachbildfernseher in einer Wohnung entdeckt, der zwar ausgepackt, aber noch nicht angeschlossen war. Den wegzuwerfen wäre wirklich ein Jammer gewesen, denn der war richtig teuer. Aber die Wohnungsbesitzer haben entsetzt abgelehnt, ihn zu behalten, da auch schon das Gehäuse den Geruch aufgenommen hatte. Ich hab's trotzdem nicht über mich gebracht, ihn zu entsorgen, und ihn dann mit nach Hause genommen. Da steht er jetzt, und man riecht es noch immer leicht, wenn man ganz nahe hingeht. Ich weiß nach wie vor nicht, was ich damit machen soll, angeschlossen ist er auch bei mir nicht – wer weiß, am Ende wird's nur eine Art Selbstexperiment und ich muss ihn eben doch noch wegschmeißen.

Noch bedauerlicher ist es, wenn wir die Wohnungseinrichtung komplett entsorgen müssen. Denn wenn Menschen unbemerkt sterben, tun sie das in den seltensten Fällen so, dass sie den Raum ihres Todes vorher hermetisch abdichten oder auch nur die Tür hinter sich zuziehen. Das heißt, der Geruch zieht durch die Wohnung. Nicht so konzentriert wie im Sterbezimmer, aber man kann es riechen. Und selbst wenn man das hinnehmen würde – aus hygienischen Gründen lässt sich eine Entsorgung nicht vermeiden. Wir haben die Wohnung ja nicht aus Jux anfangs desinfiziert, der Schmutz, den die Fliegen überall hinterlassen haben, ist noch immer da. Und Wegwerfen kommt den Wohnungsbesitzer dann meist günstiger, als wenn wir mühsam irgendwelche Pressspanmöbel reinigen. Das vergessen viele. Ich habe neulich einen Keller mit Mäusebefall ausräumen müssen, da kommt der Vermieter auf mich zu und sagt, dass wir irgendein Sperrholzbrett doch aufheben sollten, das könnte man noch verwenden. »Guter Mann«, sag ich, »das Brett stinkt nach Mäusepisse. So ein Brett kostet im Baumarkt drei Euro. Ich kann es Ihnen aber auch eine Stunde lang reinigen. Dann ist es sauber und Sie haben ein Sperrholzbrett für 50 Euro.« So sinnvoll Recycling auch ist: Hier läuft's auf eine simple Rechenaufgabe hinaus.

Allerdings stoßen wir manchmal an Grenzen. Nach vier, fünf Stunden in einer Wohnung, die stark nach Leiche riecht, lässt allmählich der Geruchssinn nach. Wir erkennen nicht mehr, was stinkt und was nicht. Als ob man erst ein Stück Zucker gegessen und dann in einen Pfirsich gebissen hätte – ob der Pfirsich richtig süß ist oder nur durchschnittlich, kann man dann nicht feststellen. Natürlich gehen wir gründlich vor, keine Frage, meine Mitarbeiter und ich schnuppern an Fensterrahmen entlang, an Bodenleisten, Plastikverkleidungen, Lampenschirmen, das sieht manchmal aus, als wären wir Schäferhunde bei der Drogenfahndung. Aber irgendwann fängt der eine zu fragen an: »Du, ich glaub, das riecht noch nach Leiche – meinst du nicht auch?«

Und daran, dass man immer öfter den anderen zur Kontrolle anfordert, merkt man, dass man allmählich an die Grenze dessen gekommen ist, was man jetzt noch seriös unterscheiden kann. Dann wird es Zeit für die erste Abschlussarbeit: die Behandlung mit Chlorbleichlauge.

Wir rühren eine Verdünnung davon an und bringen sie direkt auf. Das heißt, der eine schnallt sich die Pumpflasche um und besprüht damit die Wand. Und der andere nimmt eine Bürste oder einen herkömmlichen Schrubber und schrubbt damit die Wand ab. Was eine irrsinnige Plackerei ist. Schon Schrubben auf dem Boden ist ziemlich mühsam, aber da kann man wenigstens sein Gewicht nutzen und sich ein bisschen in den Schrubber stemmen. An der Wand geht das nur begrenzt. Ab Hüfthöhe ist der Winkel zu ungünstig, und weiter oben hilft das Gewicht gar nichts mehr, da muss man die Bürsten per Muskelkraft an die Wand pressen. Und an der Decke ist es noch schlimmer. Zumal wir das alles ja immer noch in unseren Overalls machen müssen, mit den Atemmasken und allem Drum und Dran. Anders geht's nicht, die Dämpfe der Chlorbleichlauge sind nichts zum Einatmen. An der Stelle, wo die Leiche gelegen hat, erhöhen wir die Konzentration. Derzeit sind wir bei etwa drei Prozent, aber ich arbeite schon daran, das noch etwas zu steigern. Und dann wird das natürlich noch ätzender.

Wasserstoffperoxid, die Alternative zur Chlorbleichlauge, wirkt prinzipiell genauso und ist zudem absolut geruchsneutral. Wir nehmen es allerdings nicht oft, weil es weitaus teurer ist als Chlorbleichlauge, aber manchmal, wenn ein Raum keine Fenster hat und deshalb nicht gelüftet werden kann, ist Wasserstoffperoxid besser geeignet, damit man nicht wochenlang denkt, man wohnt im Hallenbad. Einer von beiden Stoffen ist in jedem Fall nötig. Und beide teilen sich auch dieselben zwei Nachteile.

Erstens: Sie bringen nichts gegen Insekten. Das ist eigentlich unvorstellbar, weil das wirklich aggressive Substanzen sind. Gelangt Wasserstoffperoxid auf die Haut, ist diese wochenlang gebleicht. Und von der Chlorbleichlauge bekommt man extrem hässliche Verätzungen. Fliegenlarven oder Käferpuppen hingegen vertragen beide Stoffe tadellos. Ich weiß noch, wie enttäuscht ich nach den ersten Einsätzen war, weil ich dachte, dass ich mir mit dem Teufelszeug wenigstens die Schädlingsbekämpfung ersparen würde. Zumal wir sicherheitshalber wegen der geruchlichen Wirkung nach und nach die Dosierung erhöht haben. Aber nichts da, Maden und Käfer fanden das prima.

Der zweite Nachteil: Auch wenn Insekten über Chlorbleichlauge gleichmütig hinwegkrabbeln – Insektizide versagen völlig, sobald sie sich damit vermischen. Das heißt, nach der abschließenden Behandlung mit Chlorbleichlauge machen wir am Leichenfundort vorsichtshalber erst einmal 14 Tage Pause, damit die gesamte Lauge verdunstet ist, bevor wir mit Insektiziden anfangen. Gerade in den kleinen Ritzen und Winkeln braucht die Chlorbleichlauge am längsten, um abzutrocknen. Und abgesehen davon, dass man nicht unnötig mit Chemikalien herumspritzen sollte, ist es auch eine Preisfrage: Insektizide sind einfach zu teuer, um sie vergeblich herumzusprühen.

Zwei Wochen später sind wir wieder vor Ort. Der Geruch ist dann normalerweise weg, und wir können uns den Insekten widmen. Was wir jetzt – ebenfalls im Schutzanzug – aussprühen, sind Kontaktgifte mit einer Langzeitwirkung, die sich anschließend verflüchtigen. Wobei der Einsatz dieser Insektizide eigentlich theoretisch nicht immer nötig ist. Für sich einnistende Schädlinge wie den Speckkäfer schon, aber manchmal, wenn die Leiche nicht lange genug lag, damit der Speckkäfer sie finden konnte, hat man ja nur ein Fliegenproblem. Das könnte man problemlos auch aussitzen. Wenn die Fliegen nichts finden, wo sie ihre Eier ablegen können, kommen keine neuen. In manchen Wohnungen, die man vollständig entkernt hat, sind nicht einmal mehr Eier vorhanden. Aber auch in Wohnungen, die man nur zum Teil zerlegt hat und sich die Maden unter den Leisten zwischen Parkett und Wand verstecken, würden eben nach und nach alle vorhandenen Fliegenlarven schlüpfen. Man muss nur das Fenster öffnen und weg sind sie, umweltfreundlicher geht es nicht. Sie kommen auch nicht wieder, sie sind da unsentimental, eine Fliege ist ja kein Lachs. Aber diese Entwicklung über zwei, höchstens vielleicht vier Wochen hinweg wollen nicht alle Kunden abwarten. Ich denke, das ist zum Teil auch ein psychisch bedingter Wunsch. Wer gesehen hat, wie unglaublich schmutzig und abstoßend eine Wohnung sein kann, in der eine Leiche lange gelegen hat, der will sicher sein, dass alles bestimmt wieder ganz sauber ist. Vielleicht auch, um mit dem Gesehenen abschließen zu können. Also tun wir, was eben nötig ist.

Nachdem die Wohnung dann renoviert worden ist, ist sie normalerweise wieder vermietbar, und wer reinkommt, wird nie ahnen, was hier vorgefallen ist. Normalerweise.

Aber welcher Fall ist schon normal?

6. Premiere

Wir hatten drei Monate lang gewartet. Nachdem die Mitarbeiter des Münchner Kriseninterventionsteams mich gefragt hatten, ob ich das machen würde mit der Tatortreinigung, hatte ich erst kurz überlegt, dann zugestimmt – und jetzt war ich richtig heiß auf meinen ersten Fall. Aber es passierte drei Monate lang nichts.

Tagelang, wochenlang saß ich wie auf Kohlen. Ich war aufgeregt, neugierig, ich war bereit bis in die Haarspitzen und nichts passierte. Ich hatte doch längst mein komplettes Equipment bereitgestellt, das heißt, mein vermutlich komplettes Equipment. Es gibt ja keine Checkliste, was man als Tatortreiniger braucht. Und es gab auch keinen Branchenverband oder irgendwelche Vorschriften. Alles, was es gab, war das Infektionsschutzgesetz zum Umgang mit meldepflichtigen Krankheiten wie offener Tbc oder Hepatitis und mein Wissen, das auch nur daher stammte, weil ich ja bereits etliche Einsatzorte gesehen hatte, bei Wohnungsöffnungen der Feuerwehr. Ich wusste, wie die aussehen konnten, was sich an Problemstellungen ergeben konnte, und ich wusste, was die Feuerwehr mitschleppt, um auf alle Eventualitäten vorbereitet zu sein. Dementsprechend hatte ich mir etwas zusammengestellt, was ich mitnehmen wollte – unter Berücksichtigung der Tatsache, dass ich nun einmal etwas weniger Platz zur Verfügung hatte als ein herkömmlicher Löschzug.

Ich hatte Desinfektionsmittel dabei, wie ich es vom Einsatz als Schädlingsbekämpfer kannte. Ich hatte DES 3000 im Gepäck, einen Eiweißreiniger für Blutflecke. Auf den hatte mich ein befreundeter Metzger aufmerksam gemacht, der damit jeden Tag nach Feierabend seine Metzgerei säuberte. Ich wusste, dass es stinken würde, also hatte ich Maskomal dabei, einen Geruchsneutralisator. Das empfahlen alle Händler in den Fachgeschäften. Ich hatte Overalls, Handschuhe, Bürsten, alles in drei übersichtliche Einsatzkisten verpackt, die ich heute noch benutze. Und ich hatte Hardy angeheuert, mit dem ich schon beim Aufbau meiner Schädlingsbekämpfungsfirma zusammengearbeitet habe und dem ich blind vertraue. Er ist Feuerwehrmann und Rettungssanitäter. Doch Hardy zu überzeugen war nicht leicht gewesen.

»Ich weiß nicht, ob ich das kann«, hat er gesagt. Aber ich hatte ihn ja oft genug vor Ort gesehen, ich wusste, dass er's packen würde, wenn er erst mal anfing. Ich war immer gern mit ihm unterwegs, und bin es heute noch. Er ist 14 Jahre älter als ich, und wo ich anfange mich aufzuregen, wird er erst so richtig ruhig. Das ist angenehm bei der Arbeit, also wollte ich ihn dabeihaben. Letztlich hatte er zugestimmt, weil er einen kleinen Nebenverdienst gut brauchen konnte. Oder: Gut hätte brauchen können, denn es passierte ja nichts.

Ich fing Ratten, vertrieb Wespen wie vorher auch. Aber das große Abenteuer blieb aus. Der Beruf des Tatortreinigers kann ja vielleicht spannend sein, aber eine Voraussetzung dafür ist, dass er hin und wieder einen Tatort reinigt …

Man hätte meinen können, die hätten uns vergessen. Oder der Tod machte Urlaub.

Aber dann kam der Anruf.

Unser erster Toter.

In Greding.

Schon während des Telefonats war ich mit den Fingern am Handy. Ich habe Hardy alarmiert. »Wir haben die erste Leiche! Komm, komm! Jetzt geht's los!«

Wir sind sofort rausgefahren wie die Teufel. Und wir haben praktisch alles falsch gemacht, was man falsch machen kann.

Wir hatten ja weder Ahnung noch Erfahrung noch sonst was. Wir hatten nur unseren Feuerwehr-Spirit: Was immer da an Problemen käme, wir würden das schon regeln.

Und es stimmt, wir haben's dann ja auch irgendwie geregelt. Aber im Nachhinein muss man sagen: doch recht anfängerhaft. Das fing bei mir an: Ich habe Hardy alarmiert und mitgeschleift, und ich hatte mir den Tatort vorher noch nicht einmal angesehen. Ich wusste nichts von den Gegebenheiten vor Ort, ich wusste nichts von den besonderen Schwierigkeiten. Gut, die Auftraggeber bestanden auf einem sofortigen Einsatz. Aber jeder seriöse Klempner, jeder seriöse Bauhandwerker besteht vor der Auftragsannahme auf einer Ortsbesichtigung. Bloß der angehende Tatortreiniger Anders nicht.

Andererseits: Woher hätte ich wissen sollen, welche Schwierigkeiten besonders waren? Für mich waren schließlich alle besonders. Ich machte das ja zum ersten Mal.

Greding ist hübsch, gerade im Sommer. Ein mittelalterliches Städtchen mit gut siebentausend Einwohnern, die Stadtmauer ist noch fast völlig erhalten. Die Türme in dieser hübschen Stadtmauer sind restauriert und werden vermietet. Eine schöne Idee, es gibt ja auch viele Leute, die den Gedanken romantisch finden, in so einem Turm zu leben. Einer hatte hingegen die Idee, in so einem Turm zu sterben. Er ging hinein und auf der alten Holztreppe nach oben, bis zum vorletzten Treppenabsatz, dann band er ein Seil an eine Stufe im letzten Treppenabsatz über ihm, knüpfte eine Schlinge, in die er seinen Kopf hineinsteckte, und erhängte sich.

Das war unser Mann.

Der Fall war an sich schon ungewöhnlich: Die Angehörigen hatten ihn bereits seit fünf Wochen vermisst. Man kannte ihn im Ort, es war durchaus aufgefallen, dass er nicht mehr da war, und man hatte auch schon nach ihm gesucht – und wenn ein Vermisster fünf Wochen lang richtig offiziell gesucht wird, ist es schon selten, dass ihn keiner findet, zumal er ja nicht weit weg war. Es war halt keiner auf den Turm gekommen. Warum auch? Er hatte ihn zwar gemocht und liebevoll selbst renoviert, aber für einen derart lange dauernden Aufenthalt war der Turm nicht geeignet, weil es kein fließendes Wasser gab. Und alle suchten einen Vermissten, keinen Selbstmörder, Suizid hatte bei ihm niemand auf der Rechnung.

Es war Juli, es war heiß. Und der Selbstmörder hatte, das musste man ihm auch im Nachhinein zugestehen, den Turm wirklich relativ aufwändig restauriert. Das war richtig nett da drin. Die Fenster jedenfalls waren dicht. Man wird sogar sagen müssen: Wenn er nicht so tadellose Fenster in den Turm gebastelt hätte, hätten die Leute in den angrenzenden Gassen vermutlich schneller Unheil gewittert. So aber waren selbst die direkten Nachbarn des Turms bis zuletzt absolut ahnungslos. Erst danach haben sie davon ziemlich schnell Wind gekriegt. Denn als man ihn nach einigen Wochen fand, war er geruchlich in einem derart üblen Zustand, dass die Helfer natürlich den Turm gelüftet und die Fenster aufgerissen haben. Was zur Folge hatte, dass die ganze Gasse, der ganze Straßenzug roch wie frisch exhumiert. Wir sollten das schnellstmöglich beseitigen.

Schon beim ersten Betreten hatte ich Bedenken, ob wir das richtige Material dabeihätten. Es stank einfach bestialisch. Wir begannen erst einmal mit der Desinfektion und stießen sofort auf das erste Problem: Es gab im Turm kein Wasser.

Man denkt oft an die banalsten Dinge nicht. Es ist eben nicht so, dass überall das Wasser aus der Leitung sprudelt. Und ohne Wasser geht bei uns nichts. Wir sind ja keine chemische Reinigung. Und Desinfektionsmittel sind extrem aggressiv, die verwendet man nicht pur, man mischt sie mit Wasser zu Desinfektionslösungen an. Also tappten wir abwechselnd zum Bauernhof gegenüber und holten dort eimerweise Wasser. Die Leute dort haben uns angeschaut, als hätten wir nicht alle beisammen.

Aber letzten Endes lernt man bei der Feuerwehr, beim Rettungsdienst, bei der Schädlingsbekämpfung ja auch allerlei. Zum Beispiel, dass man dem Opfer oder dem Kunden unbedingt die Sicherheit vermitteln muss, dass alles in besten Händen ist, schon damit keine Panik aufkommt. Dass man ihn aus dem verkeilten Auto rausholt, dass man seine Wespen in null Komma nichts draußen hat. Bei der Tatortreinigung droht zwar keine Panik, aber es arbeitet sich trotzdem besser, wenn nicht alle Menschen drum herum entsetzt die Hände über dem Kopf zusammenschlagen. Wenn man also vor lauter Einsatzfreude übersehen hat, sich um die Wasserversorgung vor Ort zu kümmern, dann ist es wichtig, mit größter Selbstverständlichkeit dieses Wasser von Hand zu organisieren. Und wenn einen die Leute angucken, als wäre man nicht ganz dicht, dann guckt man zurück, als wäre man ganz besonders dicht.

»Sie holen das Wasser eimerweise?«

»Ja klar, das machen wir immer so.«

Wir haben erst einmal die Wände mit Kohrsolin desinfiziert. Und dann haben wir versucht, die Treppe zu reinigen. Das heißt: Ich hab es versucht, weil ich Hardy zunächst mal nicht überstrapazieren wollte. Heute macht er alles, was ich auch machen würde, aber damals war das noch nicht so eindeutig abzusehen. Ich nutzte ihn als Handlanger, ließ mir das Material reichen und schrubbte mit meinem Eiweißreiniger die Treppe ab. Aber es war ziemlich schnell klar, dass das nicht helfen würde.

Fünf Wochen hatte der Tote an dem Seil gehangen. Erhängte fallen gar nicht so schnell runter; das Bindegewebe mit der Wirbelsäule zusammen ist stabiler, als man glaubt. Zumal die Körperflüssigkeiten sich ja unten im Körper ansammeln, in den Beinen, in den Händen, die laufen dann regelrecht prallvoll. Während der Körper oben sozusagen ausdörrt, zäher wird und daher problemlos weiter am Strick hängt, sickert unten die Leichenflüssigkeit aus Blut, Wasser, Körpersäften aus den Gliedmaßen. Dann natürlich erst in die Schuhe, und wenn die voll sind raus und von da – tropf, tropf, tropf – auf die Treppe. Und wir reden hier nicht von einer Baugerüststahltreppe oder von einer modernen lackbeschichteten Laminattreppe, obwohl die Flüssigkeit auch diese Beschichtung kleinkriegen würde. Sondern wir reden von einer mittelalterlichen Treppe aus altem Holz. Die ist extrem gut abgelagert, extrem gut ausgetrocknet und daher auch extrem saugfähig. Wenn da über Tage hinweg die Leichenflüssigkeit schön gleichmäßig drauftrieft und von Stufe zu Stufe zu Stufe hinunterrinnt, dann sagt die Treppe mit all ihren vielen alten Holzritzen: »Herzlich willkommen! Immer herein damit!« Und wenn man da mit DES 3000 an der Oberfläche herumfuhrwerkt, passiert praktisch nichts.

Es ist typisch, dass man so einen Fall im späteren Berufsalltag nie wieder erlebt. So etwas passiert prinzipiell bei der Premiere. Und während man noch überlegt, was man jetzt mit der Treppe am besten macht und dass man sie eigentlich einfach rausschlagen müsste, erfährt man, dass man mit ihr nichts machen sollte: Sie steht nämlich unter Denkmalschutz.

Es war einer der seltenen Fälle, in denen der Denkmalschutz in Deutschland nicht das letzte Wort behalten hat. Mit dem Leichengeruch kann man nun einmal schlecht diskutieren. Also beschlossen wir, die Treppe zu entfernen. Oder wenigstens das, was wir von ihr entfernen konnten, was im Wesentlichen nur die Treppenstufen waren, sonst wäre das gesamte Treppenhaus zusammengebrochen. Wobei das Entfernen einfacher klingt, als es war. Heute liegen natürlich Motorsägen bei mir im Einsatzwagen parat, Mehrzweckschneider, alles ist da. Aber damals hatte ich noch nicht an so etwas gedacht. Damals habe ich die Stufen mit dem Nageleisen rausstemmen müssen, mit einer Art speziellem Brecheisen. Das waren massive Dinger, halbe Baumstämme, ich war fix und fertig. Außen stand Hardy und nahm die stinkenden Teile entgegen. Bei den Stehern, den dicken Balken, in die die Stufen einmontiert werden, war für mich Schluss. Das war mit dem Nageleisen auch nicht mehr zu machen. Außerdem wollten wir ja möglichst nicht den Turm abreißen.

Wir haben die Trümmer hinausgebracht. Wir hatten keine Container organisiert, wir hatten uns damals noch keinerlei Gedanken darum gemacht, wie viel Schutt anfallen kann und wie man ihn abtransportiert. Wir haben das Zeug in Plastik verpackt auf die Ladefläche des VW-Busses geworfen, einen Teil im Privatauto mitgenommen. Ein Fehler, ebenfalls, weil wir damit den bestialischen Gestank mittransportierten. Aber das wussten wir nicht.

Dann behandelten wir den kompletten inneren Turm abschließend mit Maskomal, einem bekannten Geruchsneutralisator. Das Zeug hilft bei Klärbecken, Abwassergruben, Gülle, das ist kein Kölnisch-Wasser, das ist ein echtes Wundermittel. Und gegen Leichengeruch hilft es auch.

Einen Tag lang, bestenfalls. Dann ist er wieder da.

Aber das ahnten wir damals noch nicht. Wir sahen

uns erschöpft an, wir waren beide ausgelaugt und hungrig, weshalb wir essen gingen. Wir orderten zwei Pfeffersteaks und zogen Bilanz. Wir hatten uns ganz ordentlich aus der Affäre gezogen, fanden wir. Aber wir würden nie wieder ohne vorherige Besichtigung losziehen. Und dann fuhren wir mit unseren stinkenden Holzsäcken nach Hause und entsorgten sie beim Sondermüll.

Es dauerte nicht lange, bis wir wieder angerufen wurden. Leider nicht wegen eines neuen Falles, sondern wegen unseres alten Turms. Die Straße roch immer noch praktisch unverändert. Wir hatten unsere zweite Lektion gelernt. Neutralisieren und Putzen helfen nichts, wenn man das, was stinkt, zurücklassen muss. Es musste alles raus, auch der Rest der Treppe. Wir fuhren in den nächsten Baumarkt und besorgten Holzbalken. Diesmal hatten wir daran gedacht, Sägen mitzunehmen. Wir schnitten uns Stützbalken zurecht und setzten sie in den Turm ein. Und dann schlugen wir die Treppenbalken heraus. Es ist einer der wenigen Vorteile unseres Berufs, dass wir uns keine Gedanken machen müssen, wie die Leute dann anschließend zu einer neuen Treppe kommen. Wir sind die, die den Laden so lange auseinandernehmen, bis er nicht mehr stinkt. Und mit den Balken war das Problem gelöst. Dann behandelten wir die Mauern noch einmal mit Maskomal und hatten diesmal immerhin Glück: Die Mauern aus Naturstein hatten den Geruch kaum angenommen, einfach aus dem schwer erklärbaren Grund, dass jeder Einsatzort anders ist. Heute wäre ich da extrem skeptisch, damals genügte einfach die zweite Behandlung, wie gesagt: Glück. Aber wir waren misstrauisch geworden und wir beschlossen, etwas Wirksameres gegen den Geruch zu suchen. Und letzten Endes hätte uns wohl nichts Besseres als dieser Einsatz passieren können.

Weil wir dadurch gelernt und unsere Defizite erkannt haben, schneller, als wenn alles glattgegangen wäre.

7. Schnupperkurs

Einen Geruch empfinden wir nur dann als übel riechend, wenn er vom Gehirn als schlecht oder schädlich bewertet wird. Der Rauch eines brennenden Autoreifens stinkt, weil das Gehirn uns davor warnt, brennenden Gummi einzuatmen. Dagegen riecht glimmender Pfeifentabak für diejenigen angenehm, die es gelernt haben, ihn als wohlriechend zu empfinden. Oder sehr reifer Käse: Je nachdem, wie sehr man Käse schätzt, wird man den Geruch bewerten. Gestank ist also, was das jeweilige Gehirn aus einem Geruch macht. Es gibt allerdings Gerüche, über deren Bewertung sich sämtliche menschlichen Gehirne einig sind. Leichengeruch ist einer davon.

Das liegt daran, dass hier ein Urinstinkt angesprochen wird. Erstens riecht es nach Tod, zweitens nach Ungenießbarem, auf jeden Fall aber warnt unsere Nase uns davor, uns dort aufzuhalten, wo dieser Geruch herrscht. Also übernimmt das Gehirn eine Serviceleistung für uns und übersetzt die Warnung gleich in eine körperliche Reaktion: in Ekel. Wir fühlen uns nicht wohl und wollen den stinkenden Ort schnell wieder verlassen. Das Gehirn ist sogar so programmiert, dass es noch eine Sicherheitsstufe mit abruft, den Würgereiz, ein weiteres Relikt aus Urzeiten: Wenn man in der Nähe der Stelle mit Leichengeruch etwas gegessen hat, soll es raus – da geht der Körper gerne auf Nummer sicher.

Den Leichengeruch selbst zu beschreiben ist schwer, nahezu unmöglich. Gut, er ist muffig, süßlich, modrig, und bei mäßiger Belastung kann man verwandte Gerüche feststellen, dann erinnert er an Kompost oder auch an bestimmte vergorene Essige. Bei massivem Auftreten fällt einem jedoch absolut nichts Ähnliches mehr ein. Wer ihn unvorbereitet in die Nase bekommt, der erlebt seine eigenen Instinkte in der Naturform: Direkt über die Nase zum Würgereiz, da gibt's kein Nachdenken oder Bewerten mehr, dann übernimmt der Körper die Kontrolle. Letztlich ist das meine Jobversicherung.

Denn aus einem Raum, in dem eine Leiche lange gelegen hat, bekommt man den Geruch ähnlich schwer raus wie den von Rauch nach einem Zimmerbrand. Um das zu verstehen, hilft es, wenn man weiß, woraus Gerüche bestehen. Und wie Gerüche verschwinden.

Ein Geruch setzt sich aus einer bestimmten Menge von Molekülen zusammen, die sich an die Rezeptoren in unserer Nase anlagern, ein Molekül reicht da nicht aus. Geruch verschwindet dementsprechend erst dann wieder, wenn diese Moleküle nicht mehr vorhanden sind: Das kann man nur erreichen, indem man sie auflöst. In diesem Fall greift der Sauerstoff der Luft Teile der angedockten Moleküle an und zerstört diese. Denn ein Geruchsmolekül riecht nur mit all seinen Bestandteilen, fehlen ihm einige davon, ist es nur noch irgendein Molekül, das nicht mehr riecht – das ist so, als ob man aus dem Wort »Stinken« das »t« entfernt hätte. Leider geben nicht alle Geruchsmoleküle ihre Bestandteile gleich gern her.

Wenn man beispielsweise Kaffee kocht, dann verschwindet der Duft ziemlich schnell. Dazu muss man nicht einmal die Wohnung lüften. Schon schwieriger wird es, wenn man in einer Küche etwas brät oder frittiert. Das liegt daran, dass in diesen Fällen besonders stabile langkettige Kohlenwasserstoffe entstehen, die der Sauerstoff nur sehr schwer knacken kann. Leichengeruchsmoleküle kann man damit vergleichen, aber diese sind noch viel resistenter. Weil Leichengeruchsmoleküle so haltbar sind, bleiben sie lange in der Luft und haben daher auch reichlich Zeit, sich überall anzulagern. An Möbeln, Teppichen, an den Wänden. Entscheidend ist dabei die Oberfläche der jeweiligen Gegenstände. Kann Luft in sie eindringen, werden auch die Geruchsmoleküle dorthin transportiert, mit denen die Luft gesättigt ist. Und Luft kann in mehr Dinge eindringen, als man gemeinhin annimmt.

Da geht es nicht nur ums Gehäuse vom Fernseher oder um die Matratze des Bettes oder die Kleidung, die man beim Tatortreinigen trägt. Luft zirkuliert im Boden, in den Wänden, Luft durchdringt alle Flächen, die porös sind. Porös können leider auch Flächen sein, die optisch sehr glatt wirken, wie Kunststoffe, Lampengehäuse, Plastikteile, Dichtungen. Und fast überall, wo die Luft hinkommt, bleiben diese zähen Leichengeruchsmoleküle hängen, die nur schwer vom Sauerstoff angegriffen werden können. Das ist sogar in der eigenen Nase so: Noch Stunden, nachdem ich vom Leichenfundort nach Hause gekommen bin, lösen sich immer wieder Geruchsmoleküle. Dann sitze ich zu Hause und lese Zeitung oder bin beim Essen im Restaurant oder sehe fern und plötzlich habe ich einen sekundenlangen Flashback und es riecht ganz kurz nach Leiche. Was mich vor allem anfangs immer irritiert hat, weil außer mir niemand diesen Geruch wahrnimmt und sich alle um mich herum auch vollkommen normal benehmen.

Unser Job ist nun, die Geruchsmoleküle zu entfernen, die sich entfernen lassen, und die übrigen Moleküle zu zerstören.

Entfernen ist simples Handwerk. Wir werfen alles raus, was den Geruch angenommen hat. Aber wenn wir alles beseitigt haben, was man entfernen kann, und der Geruch ist immer noch da, müssen wir die Moleküle zerstören, und das ist schon schwieriger. Manche Kollegen schwören auf Ionisation und arbeiten mit ziemlich teuren Geräten, die die Luft im Raum ansaugen und dann die Gerüche zerstören. Das ist vom Prinzip her in Ordnung, praktisch aber oft unwirksam, weil man überhaupt nicht so stark saugen kann, dass man sämtliche Geruchsmoleküle aus der Wand zieht. Andere Kollegen arbeiten auch mit Geruchsüberdeckern, so wie wir bei unserem ersten Einsatz in Greding, aber sobald die Überdeckungswirkung nachlässt, zeigt sich, dass die Leichengeruchsmoleküle immer noch da sind.

Wir arbeiten vor allem mit Chlorbleichlauge. Sie ist für Geruchsmoleküle so etwas wie eine vorgehaltene Pistole, die sie zur Reaktion zwingt. Der Grund ist, dass die Lauge einzelne Sauerstoffatome freisetzt, die in der Raumluft normalerweise nicht vorkommen. Die Raumluft enthält zwar auch Sauerstoff, aber als Molekül: hier sind die Atome immer paarweise. Chlorbleichlauge kann Sauerstoffatome freisetzen, weil sie sehr reaktionsfreudig ist: Die Energie des Tageslichts an einem nebelverhangenen Novembernachmittag genügt bereits, um Sauerstoffatome abzuspalten. Was ist nun das Besondere an diesen Atomen? Was können sie, was andere Atome nicht können?

Sauerstoffatome sind das Bindungswilligste, was es auf der Erde gibt. Sie können praktisch überall andocken und tun das auch mit unglaublicher Beharrlichkeit. Notfalls binden sich diese Atome dann aneinander, aber viel lieber greifen sie sich andere Atome und Moleküle. Sobald wir also die Chlorbleichlauge ausbringen, wird nicht nur der typische stechende Chlorgeruch freigesetzt, sondern auch riesige Mengen unglaublich aufdringlicher Sauerstoffatome, die sogar die zähen Geruchsmoleküle knacken, Teile davon abspalten und sich an diese hängen können. Das Molekül hat sich somit aufgelöst und riecht nicht mehr. Man nennt das auch »kalte Verbrennung«.

Der Nachteil ist: Das kann man nicht mit einer Maschine machen, die man ins Zimmer schiebt und für sich arbeiten lässt. Nein, man muss die aggressiven Sauerstoffatome zu den Geruchsmolekülen bringen, bevor sie sich mit irgendetwas anderem verbinden. Das heißt, man muss die Chlorbleichlauge direkt auf die belastete Wand auftragen und die Wand damit abbürsten. Das ist eine so anstrengende, schweißtreibende Arbeit, dass man sich eigentlich wundert, dass sie noch nicht in Fitnessstudios als Workout angeboten wird. Und sie erfordert eine gewisse Sachkenntnis, weil Chlorbleichlauge kein Multivitaminsaft ist.

Das merkt man schon daran, dass die Wand hinterher aussieht wie neu. Wir haben hochgradig vergilbte Wohnungen von Kettenrauchern gereinigt, an deren Wänden helle Rechtecke überall dort waren, wo Bilder gehangen haben. Wenn wir mit unserer Arbeit fertig waren, waren diese Wände strahlend weiß, als hätten wir sie komplett neu gestrichen. Ich habe mir schon mal überlegt, beim Renovieren einer Wohnung Chlorbleichlauge als Alternative zum Neustreichen zu empfehlen. Aber das sollte man natürlich nicht machen, wegen der stechenden Chlordämpfe. Es gilt hier übrigens in jedem Fall, die richtige Mischung zu finden, mit der einerseits der Geruch verschwindet, andererseits die Wand aber noch stehen bleibt. Und der Mitarbeiter, der bürstet, möglichst auch.

Eine Alternative zur Chlorbleichlauge ist Wasserstoffperoxid, das Mittel, mit dem sich Blondinen die Haare zurechtbleichen – eben auf platin- oder wasserstoffblond. Die Funktion ist im Wesentlichen dieselbe, auch Wasserstoffperoxid bildet atomaren Sauerstoff und reagiert unglaublich leicht mit allen möglichen Stoffen und zwingt sie dabei zur »kalten Verbrennung«, zur Oxidation. Dabei klammert sich der atomare Sauerstoff an Teile des Geruchsmoleküls, damit zerfällt das Molekül – wie gehabt. Wasserstoffperoxid ist fast völlig geruchsneutral, aber wesentlich teurer als Chlorbleichlauge. Wenn ich also genug Zeit und Fenster zum Lüften habe, ziehe ich Chlorbleichlauge vor.

Manchmal lässt sich nicht alles entfernen. Man kann den Estrich nicht so lange rausklopfen, bis man unten in der Nachbarwohnung wieder herauskommt. Man kann tragende Wände nicht rausschlagen. Dann müsste man ja das Gebäude neu bauen. Wegen einer Wohnung reißt aber keiner gleich das ganze Haus ab. In diesem Fall hilft nur noch, den nicht mehr entfernbaren Geruchsherd hermetisch abzudichten, indem man die nicht mehr reduzierbare Fläche mit Zwei-Komponenten-Harz versiegelt. Wir haben diese Lösung noch nie verwendet, denn sie hat auch ihre Tücken: Am Rande der abgedichteten Fläche kann immer noch Geruch aufsteigen, so, wie Zigarettenrauch auch um Hindernisse herumzieht. Und je nachdem, wie stark die Reste riechen, wie groß die verbliebene belastete Fläche ist, desto sicherer wird der Geruch das auch tun – nur kann man dann nicht mehr an den Geruchsherd heran.

Ich bin zurzeit noch Anhänger der wiederholten Behandlung mit Chlorbleichlauge, notfalls in erhöhter Konzentration – so lange jedenfalls, bis ich etwas Besseres gefunden habe.

Eine Frage bleibt natürlich noch übrig: Nachdem es so verschieden flüchtige Gerüche gibt wie den von Kaffee, den von Frittierfett und den von Leichen, warum ist ausgerechnet der Leichengeruch so lang haltbar? Darauf gibt's eigentlich nur zwei Antworten. Die kurze lautet: Pech. Die eines Evolutionsexperten lautet wahrscheinlich anders: Hier geht's um Tod und Vergiftung, weshalb sich der menschliche Körper einen Mechanismus gesucht hat, um derartige Dinge frühzeitig und lange anhaltend zu erkennen. Falls es mit dem Geruch nicht funktioniert hätte, hätte er einen anderen Weg gefunden, von mir aus über die Ohren. Und meine Kollegen und ich würden heute stattdessen sämtliche Leichenfundorte schalldämmen.

8. Tödliche Umleitung

Man kann sich als Fernsehzuschauer darauf verlassen: Sobald in einem Krimi ein Rechtsmediziner mitspielt, der eine Leiche untersucht, dann kommt die Szene, in der der Mediziner in sein Wurstbrot beißt. Daneben steht dann ein junger Kriminalbeamter, der das fassungslos beobachtet und sich daraufhin übergibt oder in Ohnmacht fällt. Und der Zuschauer denkt dann, Himmel, wie abgebrüht sind doch diese Rechtsmediziner, wie können sie in so einem Moment ans Essen denken. Aber was soll ich sagen – es sind nicht nur die Leichenbeschauer, die in den seltsamsten Momenten ans Essen denken.

Eine Frau rief uns an, ihr Sohn war gestorben, er war in ihrer Wohnung verblutet, und der Notarzt hatte anschließend gesagt, dass sie das nicht alleine wegputzen dürfte. Der Junge hätte Hepatitis-B gehabt, und da müsse man einen Fachmann holen, der das Ganze desinfiziert. Ob wir dafür in Frage kämen?

»Ja«, habe ich gesagt, »das können wir schon machen. Geht's nur ums Desinfizieren oder sollen wir das auch reinigen?«

Wir sollten natürlich auch reinigen. Die Frau hatte sich darüber noch keine Gedanken gemacht. Der junge Mann war erst 23 Jahre alt gewesen, erfuhr ich, und Alkoholiker und hatte sich trotz seiner Jugend bereits eine schwere Leberzirrhose eingehandelt. Seine Ärzte hatten ihn deswegen schon mehrfach gewarnt und ihm gesagt, dass er mit weiterem Trinken sein Leben aufs Spiel setzen würde, und das waren nicht nur allgemeine Mahnungen gewesen.

Bei einer Leberzirrhose stellen Bereiche der Leber nach und nach ihre entgiftende Funktion ein und können auch nicht mehr durchblutet werden. Weil aber deshalb die das Blut durch die Leber transportierende Pfortader auf immer mehr Hindernisse stößt, macht das Blut dasselbe wie ein Bach oder Fluss: Es sucht sich Umwege. Einer dieser Umwege sind die Ösophagusvarizen, kleine Venen in der Speiseröhre. Dieser Umweg hat zwei Nachteile: Erstens entgiftet eine Vene nichts, was wiederum eine schleichend zunehmende Vergiftung des Körpers zur Folge hat. Der zweite Nachteil ist rein mechanisch: Diese Venen sind für eine derartige große Blutmenge nicht vorgesehen. Sie erweitern sich zwar und machen die ungewohnte Belastung eine gewisse Zeit lang mit, aber sie erweitern sich nicht beliebig und auch nicht über einen beliebig langen Zeitraum. Wenn man nun Pech hat, platzen diese Venen unter der Belastung. Und wenn man so viel trinkt wie der junge Mann, braucht man dazu nicht einmal mehr Pech, sondern es ist nur noch eine Frage der Zeit, bis es so weit ist.

Pech war allenfalls, dass seine Mutter zum Zeitpunkt des Unglücks im Krankenhaus war. Als bei ihm die überlastete Ader riss, verblutete er innerlich. Was die Angelegenheit problematisch machte, war, dass das Blut zunächst in seinen Magen geströmt war und er sich erbrochen hatte, weshalb das Zimmer aussah, wie es eben aussah, und deshalb hatte der Notarzt auf einer großflächigen Desinfektion bestanden.

Die Mutter hatte das selbst geschockt. Nicht die Krankheit, darüber war sie informiert, aber dass sie so schnell fortschritt, hatte sie schon erschreckt. Aber was hätte sie machen sollen? Der Junge hatte sich in seinem Zimmer in dieser Wohnung verbunkert. Er hatte seine Mutter nicht mehr hineingelassen, er war im wahrsten Sinne des Wortes nicht mehr zugänglich. Man konnte aus den Erzählungen heraushören, dass er aggressiv gewesen war und sich zum Haustyrann in seiner Wohnhöhle entwickelt hatte. Das spiegelte sich auch in seinem Zimmer wider, als wir einige Tage später ankamen. Die Wohnung war so, wie die Frau selbst auch auftrat, ganz normal, gutbürgerlich eingerichtet – mit Ausnahme des Zimmers des Toten. Das war schlichtweg unglaublich.

Wir zogen uns um und gingen hinein. Der Raum war winzig, vielleicht vier Meter mal vier Meter. Deswegen hatte ich auf den ersten Blick auch nur einen Container geordert. Ich wusste ja nicht, wie viel Müll man in einem Zimmer unterbringen kann. In dem Zimmer standen ein Bett, eine Couch, ein Schrank und noch ein Schrank. Einen Weg, den man gehen konnte, gab es nicht. Der Boden war übersät mir leeren Bier- und Schnapsflaschen, mit leeren Pizzakartons, Papptellern, Socken, Wäsche. Ich bahnte mir mit den Beinen einen Weg durch das Chaos, so wie ein Kleinkind im Park durch das kniehohe Herbstlaub raschelt, und machte die erste Desinfektion. Wir ließen das Mittel eine Viertelstunde einwirken und versuchten dann zuerst, Platz zu machen, indem wir die leeren Plastikbierflaschen sammelten. Allein mit diesen Bierflaschen haben wir sieben 120-Liter-Müllbeutel gefüllt.

Nach und nach hat uns die Frau erzählt, wie es so weit kommen konnte. Das Untypischste war, dass ihr Sohn noch diese enge Familienanbindung hatte. Alles andere ähnelte den Fällen, die mir öfter unterkommen. Er war arbeitslos geworden, ihm fehlte der Antrieb, er kam in einen Freundeskreis, der ihn im Sumpf eher festhielt als rausholte; vielleicht hatte er sich auch diesen Freundeskreis gesucht, weil er den – verglichen mit seinem Leben – großen Erfolg seiner alten Freunde nicht mehr mit ansehen wollte. Es kam zur in diesem Milieu üblichen Kleinstkriminalität, die sich bei solchen Schicksalen immer einzufinden scheint, im Schrank fanden sich Anzeigen wegen Fahrens ohne Führerschein, Verkehrsunfall mit Fahrerflucht, Betrugsanklagen, weil er bei E-Bay Dinge versteigert, nach Bezahlung aber niemals geliefert hatte.

Das war schon traurig zu sehen, weil man zugleich auch erkannte, dass er vor noch gar nicht allzu langer Zeit ganz anders gewesen war. Die Mutter war noch immer fassungslos, wie schnell ihr Sohn sich zugrunde gesoffen hatte. Im Schrank hing sogar noch sein Kommunionsanzug, aber das war auch das einzige Kleidungsstück, das nicht verdreckt auf dem Boden lag. Es gab eine Stereoanlage, eine Playstation, einen Computer, einen Fernseher. Eigentlich sah der Raum noch immer aus wie ein Kinderzimmer, aber das Kind war zuletzt wohl nicht mehr sehr niedlich gewesen.

Das Blut war auf der Couch und auf dem Teppich-

boden eingetrocknet. Wir machten aus den blutver-
schmutzten Teilen müllverbrennungstaugliche, in dicke Plastikfolie eingewickelte Pakete und fingen dann
an auszumisten. Eine elende Schlepperei. Die Wohnung
war im dritten Stock, wir hatten den Container nicht vor
die Tür stellen können und mussten für jedes Paket 20,
30 Meter Fußweg zurücklegen. Und ich hatte einfach
nicht bedacht, wie viel Müll man ansammeln kann. Ich
hatte einen Zehn-Kubikmeter-Container geordert, das
hätte eigentlich vollkommen ausreichen müssen. Der
Raum hatte ja höchstens ein Volumen von 35 Kubik-
metern, und das obere Drittel, die Kopfhöhe eines Zimmers war – bis auf die Lampen – wie in den meisten anderen Wohnungen leer. Deswegen waren wir auch nur
zu zweit gekommen. Aber wir schleppten uns regelrecht
die Hacken krumm. Und als wir fertig waren, war der
Container randvoll. Nur eine junge Frau hat versucht,
ihn wieder zu leeren.

Ich fragte sie, was sie da mache. Sie stellte sich als
Freundin oder Exfreundin des Toten vor, die seinen
Computer suchte, weil da angeblich sein Testament auf
der Festplatte sei.

»Ja, das kann schon sein«, sagte ich, »aber der Computer ist jetzt im Container, und da gehen Sie mir nicht
ohne Schutzkleidung rein.«

Ich meine, das darf ja wohl nicht wahr sein, wir
schleppen den ganzen Krempel im Overall in den Container, mit Atemschutzmaske und allem, und Madame
spaziert in den Badelatschen durch die Hepatitis-Viren.
Dann kam auch noch die Mutter des Toten dazu, und
wir wurden Zeugen eines kleinen Erbschaftsstreits am

Container, den die Mutter für sich entschied. Es war ein bisschen wie das RTL-Nachmittagsprogramm.

Die weitere Reinigung war unproblematisch, mit der Ausmistung des Zimmers waren auch sämtliche Blutspuren und -reste entsorgt. Abschließend haben wir den Raum noch einmal komplett mit Kohrsolin desinfiziert, und das war's dann. Aber eingefallen ist mir die Geschichte jetzt vor allem deshalb, weil damals die Schwester des Toten zu uns gekommen ist und uns gefragt hat, ob wir eine Brotzeit haben wollten. Ihre Mutter habe in der Küche Weißwürste warm gemacht.

Ich weiß ja nicht, wie das die Rechtsmediziner oder die anderen Tatortreiniger halten, aber ich mag an meinem Einsatzort eigentlich nicht essen. Ich bringe auch lieber meine eigenen Getränke mit, obwohl ich natürlich weiß, dass man fast immer Wasser oder Kaffee angeboten bekommt. Ich trinke auch nicht gerne aus Tassen, die ich nicht kenne. Und ich will jetzt der Frau nicht zu nahetreten, das war eine ordentliche Küche, an der gab und gibt es nichts auszusetzen, aber in einer Wohnung, die ich gerade desinfiziere, weil der verblutende Sohn Hepatitis-B gehabt hat, Weißwürste zu essen, also – das ist ja nicht so mein Fall. Da kriegt man dann die Weißwurst und den Senf, und wer weiß, ob nicht der Sohn noch mit seinem Messer in dem Senf rumgestochert hat. Wobei das dem Senf sicher nicht schadet, Senföl und Senfkörner haben ja auch was Reinigendes, es ist halt nur, die Vorstellung hat was Ekliges. Da spielt auch der Gedanke mit rein, dass in einer Familie, in der sich der Sohn mit 23 totsäuft, generell was nicht stimmen kann, und wer weiß, wie dann bei denen die Tassen und Teller sind. Ist natürlich ganz irrational, es gibt sicher auch Leute, die sind einerseits komplett irre, haben aber andererseits ein blitzsauberes Geschirr zu Hause, aber ich bin bei so etwas immer skeptisch. Doch man will ja nicht unhöflich sein. Und die Frau hatte bisher in dieser Wohnung auch ganz gut überlebt.

Also haben wir uns in Gottes Namen eben in die Küche gesetzt und Weißwürste gegessen. Ich auch, zwei Stück sogar. Selbstverständlich mit Senf, wenn auch mit etwas weniger, als ich üblicherweise esse. Aber ohne Senf schmeckt ja die Wurst nicht. Wie dem auch sei – alles, was ich sagen wollte, ist: Manchmal ist der Todes-Experte mit dem Essen empfindlicher als der Laie.

9. Himbeerquark

Aufgrund meines Berufes glauben viele Menschen, ich sei eine Art Wunderreiniger, und fragen mich deshalb, wie ich diesen oder jenen Fleck entfernen würde. Meistens muss ich sie dann enttäuschen. Für herkömmliche Flecken bin ich kein Fachmann, und mein Instrumentarium ist für die meisten Haushaltsflecken auch zu grob. Der einzige Tipp aus meinem Arsenal, der auch dem Normalverbraucher nützt, ist Schrubben. Schrubben hilft fast immer. Auch in ganz schweren Fällen, wie dem Selbstmord eines 15-jährigen Buben.

Angefangen hat alles als Notarzteinsatz. Der Rettungsdienst war zu einem Einfamilienhaus gerufen worden, obwohl es für den Notarzt eigentlich nichts mehr zu tun gab. Eine Familie lebte dort, Mutter, Vater, Sohn, Tochter. Nichts Auffälliges, die größte Sorge der Eltern war, dass der Junge schlechte Noten hatte, was ja schon mal vorkommen kann. Als der Lehrer ihn mit einer Art Noten-Vorwarnung zu den Eltern schickt, die diese unterschreiben sollten, fälscht der 15-Jährige die Unterschrift. Das Ganze kommt raus und natürlich gibt's zu Hause Riesenärger. Kein Weltuntergang, Kinder machen Blödsinn. Papa ist nicht daheim, die Mutter hält ihrem Jungen eine Standpauke, aber sonst passiert nichts Außergewöhnliches, weshalb sich die Mutter auch keine Gedanken macht und sich im Bad die Haare föhnt. Und der Sohn geht in den Keller.

Dort stellt er ein kleines Podest auf, einen richtigen kleinen Altar, mit einer Kerze, einem Foto der Familie und einem Abschiedsbrief.

Es täte ihm leid, schreibt er darin, dass er seinen Eltern so viel Kummer bereitet hat, und er entschuldigt sich. Dann zündet er die Kerze an, setzt sich auf den Crosstrainer, mit Blick auf sein Abschiedskästchen, steckt sich die doppelläufige Schrotflinte vom Opa in den Mund und drückt ab.

Ich bin kein Waffenexperte. Und ich weiß auch, dass viele bei »Schrotflinte« denken, das wäre vielleicht eine nicht ganz so gefährliche Waffe, weil Schrot doch nur aus vielen kleinen Bleikügelchen besteht. Seit diesem Tag weiß ich, dass das nicht stimmt: Vom Kopf des Jungen war bis auf den Kiefer nichts mehr übrig.

Die Mutter hat ihn so gefunden. Sie hatte sich geföhnt und dann plötzlich ein Geräusch gehört, mit dem sie überhaupt nichts anfangen konnte. Sie schaltet den Föhn aus, ruft, was das jetzt gewesen sei, bekommt keine Antwort, geht rätselnd raus, ruft ihren Sohn, weil sie wissen will, ob er das auch gehört hat, oder vielleicht hat sie sich das ja nur eingebildet, aber der antwortet nicht, also geht sie ihn suchen, Himmel, antworten könnte er wenigstens, zumindest aus Höflichkeit oder so, aber wahrscheinlich schmollt er noch, und dann geht sie die Treppe runter und in den Keller, und dort sitzt er, die Flinte in der Hand, leicht vornübergebeugt, und so, wie er diesen kleinen Altar aufgebaut hat, wie er den Brief geschrieben hat, wie er die Kerze voll Verzweiflung hingestellt hat, so sorgsam, so gründlich, hätte er bestimmt nicht gewollt, dass aus seinem Kopf ein Rest vom Inhalt

nach vorne tropft, runter und immer wieder punktge-
nau auf den kleinen Altar.

Der Notarzt suchte pflichtschuldig nach Lebensfunk-
tionen, aber da funktionierte natürlich kein Leben mehr.
Da gibt es keine Eintrittswunde und keine Austrittswun-
de, wenn es keinen Kopf mehr gibt. Das heißt, es gab ihn
schon noch, aber verändert. Der Kopf war an der Wand.

Der Rettungsdienst hatte daraufhin das Kriseninterventionsteam KIT und das KIT wiederum uns benach-
richtigt. Aber wir waren früher da als das KIT selbst.
Die konsternierte Mutter öffnete uns. Sie war bleich, sie
war gefasst, aber auf so eine beunruhigende Art, wie fassungslose Menschen eben notdürftig versuchen, gefasst
zu sein. Ich ging zunächst runter in den Keller. Der Anblick war bizarr. Ich hatte mir sofort unten am Fuß der
Kellertreppe an der offen stehenden Tür zum Fitnessraum gedacht: Was ist denn da an der Tür? Es war eine
weiße Tür, früher jedenfalls, sie stand offen und war jetzt
irgendwie rot-weiß gesprenkelt. Ich betrat dann den
Raum, der etwa so groß war wie zwei Büros. Und der
Fitnessraum sah genauso aus wie die Tür. Die Wände,
die Decke, alles rot-weiß gesprenkelt. Als hätte jemand
Himbeerquark mit dem Quirl angerührt und dann den
drehenden Quirl einfach aus der Schüssel gezogen.
Und wieder in den Quark getunkt und wieder rausge-
quirlt, und wieder rein und wieder raus. Unglaublich
gleichmäßig, aber von unterschiedlicher Intensität, da
der Crosstrainer eher in einer Ecke des Raumes gestanden war. Der in alle Richtungen explodierende Schädel
hatte sich im näheren Eckabschnitt auf einer kleineren
Fläche intensiver verteilt als auf der anderen Seite, wo

er teilweise durch den ganzen Raum geschleudert wurde. Überall aber glichen die Spuren, die früher mal ein Schädel waren, kleinen Himbeerkernchen.

Weil die Krisenexperten nicht so rasch kommen konnten, bin ich zwei Stunden bei der Familie geblieben. Ich habe mir die Vorgeschichte erzählen lassen und habe versucht, die Frau zu beruhigen. Das war bestimmt nicht ihre Schuld, man weiß doch bei Kindern oft nicht, was die gerade denken. Und ich war auch noch bei ihr, als die 17-jährige Tochter aus der Schule nach Hause kam. Sie hat große Augen gemacht: »Was ist denn hier los?« Und du merkst schon am Tonfall, dass sie weiß, dass was Schlimmes geschehen sein muss, klar, der Notarztwagen steht vor der Tür, und du weißt auch, dass das Schlimme, was sie befürchtet, längst nicht so schlimm ist wie das, was wirklich passiert ist.

Es heißt ja manchmal: »Bringen Sie's ihr schonend bei«, aber wie das gehen soll, weiß ich bis heute nicht. Ich habe ihr gesagt, sie soll erst mal reinkommen, aber da hat sie schon die weinende Mutter gesehen, die hat's ihr dann gesagt, und schonend war das für niemanden. Sie wollte ihren kleinen Bruder sehen, und wir haben gesagt, Mädel, das geht jetzt nicht. Aber das muss dann halt gehen, und wir haben uns was einfallen lassen.

Früher hat man die Menschen in solchen Situationen nicht zu ihren Angehörigen gelassen. Noch vor 20 Jahren, als ich beim Rettungsdienst angefangen habe, hieß es, das sei ihnen nicht zumutbar. Heute sieht man das anders. Das Kriseninterventionsteam rät, Angehörige nach Möglichkeit in die Rettung mit einzubinden. Wenn ich zum Beispiel jemanden beatme, lasse ich deshalb ei-

nen Angehörigen die Infusionsbeutel mit der Kochsalz-
lösung hochhalten. Und wenn nichts mehr zu machen
ist, dann soll man Angehörigen in jedem Fall ermögli-
chen, Abschied zu nehmen, auch wenn der Tote einen
schockierenden Anblick bietet – wobei es fast unmöglich ist, Mütter mit etwas zu schockieren, da kann der
Kopf fehlen, die sehen in dem Toten noch immer ihr
Kind. Aber üblicherweise macht man es inzwischen so,
dass man die Leiche mit Tuch weitgehend abdeckt und
dabei eine Hand unbedeckt lässt, sodass die Angehörigen die Hand des Toten halten können. Und so haben
wir es auch hier gemacht.

Nachdem der Bestatter die Leiche abgeholt hatte, hat
mich der Vater mit der Reinigung beauftragt. Wir sind
am nächsten Tag hingefahren und haben uns das Ganze
noch einmal angesehen. Der Raum war wirklich beein-
druckend gleichmäßig gesprenkelt. Wir sind in unsere
Anzüge gestiegen, haben zunächst mit Kohrsolin gründlich desinfiziert und dann beim Inspizieren einen Putz-
plan entworfen. In diesem Fall war es ja wichtig, möglichst viel von der Einrichtung zu erhalten. Während wir
also die wenigen größeren Teile des Schädels des Jungen
aufsammelten, beschlossen wir, zuerst die Möbel zu reinigen, soweit es möglich war. Anschließend sollten die
sauberen Möbel, die man bewegen konnte, vor die Tür.
Wir würden dann den Rest mit Folie abdecken und uns
anschließend an die Reinigung der gesprenkelten Wände machen. Aber zuallererst fotografierte ich alles.

Die Sache mit den Fotos habe ich mir seit einer besonderen Schädlingsbekämpfungsaktion angewöhnt.
Die Wohnungsbesitzer waren in Urlaub gefahren, hat-

ten uns den Schlüssel dagelassen, weil wir den Parkett-
boden entfernen mussten. Wir hatten eine Woche Zeit.
In dieser Woche sollte der Bodenleger den neuen Boden
verlegen und wir sollten danach alles wieder halbwegs
benutzbar herrichten. Aber ich hatte die fixe Idee, den
Besitzern ihre Wohnung so wieder zu übergeben, wie sie
sie uns zurückgelassen hatten. Sie sollten vom Urlaub
kommen und sich als Erstes fragen, ob wir in ihrer Ab-
wesenheit überhaupt irgendetwas gemacht hätten. Also
fotografierte ich zuerst Meter für Meter ihre Wohnung.
Wir machten unsere Arbeit, und als der neue Boden
drin war, richteten wir anhand der Fotos alles wieder
her. Sogar der Schlüssel lag zum Schluss zentimeterge-
nau da, wo sie ihn uns hinterlegt hatten. Die Wohnungsbesitzer waren begeistert, und seither machen wir das
mit den Fotos immer, wo es angebracht ist. Ich hätte es
in diesem Fall beispielsweise nicht gut gefunden, wenn
man der Familie einen sauberen Raum übergibt, den sie
dann noch einräumen müssen. Sie hatten andere Sorgen, und es war ja auch nicht sicher, ob sie überhaupt
schon wieder den Fitnessraum betreten wollten. Dann
wären die Möbel im Weg gestanden, und ohne dieses
anschließende Einräumen hätte unsere Arbeit für mich
auch was Unfertiges, Unvollkommenes gehabt.

Wir machten uns ans Wischen. Chlorbleichlauge wäre
eine Möglichkeit gewesen, Wasserstoffperoxid eine zweite, aber beides ist zu aggressiv für Möbel, weshalb wir
DES 3000 nahmen, den Eiweißlöser. Das Blut war zwar
fest-, aber noch nicht richtig eingetrocknet, weshalb das
Abwischen recht einfach war. Wovor mir graute, waren
die Wände. Blut und Hirn auf einer behandelten Holz-

fläche zu entfernen ist relativ leicht, weil die Holzfläche Flüssigkeit nicht so stark aufnimmt wie eine schlichte geweißelte Wand, die die Feuchtigkeit aufsaugt wie ein Schwamm. Und diese eingetrockneten Flecken muss man erst wieder aufweichen. Der Dampfreiniger wäre hierfür eine Option gewesen, aber die meisten Dampfreiniger sind mit solchen Flächen überfordert. Und mit dem Hochdruckreiniger hätten wir zwar in kurzer Zeit alles gesäubert gehabt, aber dafür hätte man das komplette Inventar aufgrund eines Wasserschadens wegschmeißen können. Sechzehn Liter versprüht ein solcher Reiniger in einer Minute, damit macht man mehr kaputt, als man putzt. Und daran sieht man wieder, was ich anfangs meinte: Auch wenn man noch so viele Tricks und Mittelchen bereithält, manchmal läuft es einfach auf ganz banales Schrubben mit Chlorbleichlauge hinaus. Wir deckten die fest installierten Möbel und den Boden mit Folie ab und holten Bürste und Lauge. Dann begannen wir mit dem Schrubben.

Es ist ein Unterschied, ob man Chlorbleichlauge einsetzt, um Geruch zu bekämpfen, oder ob man damit eine Wand abschrubbt, um Blut und Gehirn zu entfernen. Denn die Aufgabe ist eine ganz andere. Will man Gerüche beseitigen, muss man eine bestimmte Menge der Lauge gleichmäßig überallhin verteilen. Dann ist man fertig und kann die Lauge für sich arbeiten lassen. Wenn man Blut und Gehirn entfernen will, schrubbt man mit viel Lösung, bekommt aber längst nicht alles weg. Also lässt man es einweichen und macht an einer anderen Stelle weiter. Und nach dem ersten Durchgang schaut man, was an den Stellen passiert ist, die man zuerst behandelt hat. Das sieht auf den ersten Blick ganz gut aus, weil die Chlorbleichlauge auch einen bleichenden Effekt hat. Aber sobald man die Wand näher betrachtet, stellt man fest, dass die Partikel noch da sind. Sie sind vielleicht kleiner geworden, aber sie sind immer noch da. Ein gut eingetrockneter Fleck auf einem Teller löst sich beim Abspülen ja auch nicht auf Anhieb, sondern erst nach und nach. Also beginnt man mit dem zweiten Bürstdurchgang. Die übelsten Flecken entfernt man anschließend mit einem simplen Spachtel aus dem Baumarkt. Und dann bürstet man wieder drüber, um auch die Fläche zu behandeln, die der Bluthirnklumpen verdeckt hatte. Wir haben in diesem Haus letztlich jede Wand dreimal behandelt, richtig mit Druck und Kraft. Es war eine aufreibende Tortur, und das auch noch in einer deprimierenden Umgebung.

Denn es ist ein Unterschied, ob man eine Wohnung reinigt, in der eine Leiche lange gelegen hat, zu der niemand in Beziehung gestanden ist, oder ob man in einem Haus arbeitet, in dem nebenan die trauernden Angehörigen leben. Bei diesen extrem riechenden Leichenfundorten witzelt man schon gelegentlich, weil die Situation so entsetzlich skurril und so skurril entsetzlich ist. Aber in Fällen wie dem Selbstmord des Jungen mag keiner lachen. Da fällt niemandem ein Witz ein. Das ist so berührend, so bedrückend, dass man ernüchtert vor sich hin schrubbt und allenfalls nachdenkt.

Ich stellte jedenfalls beim Schrubben fest, dass ich letztlich in derselben Situation war wie diese Familie. Meine jüngere Tochter war damals genauso alt wie der junge Selbstmörder. Und wir stritten häufig miteinander wegen größerer Probleme und irgendeinem belanglosen Kleinkram, wie es wohl in jeder normalen Familie vorkommt. Das heißt, in dem Moment ist er natürlich nicht belanglos, die Tochter hat drei Pizzaschachteln in ihrem Zimmer aufgetürmt oder die Schuhe nicht ordentlich aufgeräumt und vier leere Kakaogläser stehen auch bei ihr, weil man ja nicht dauernd ins Zimmer reinschaut, die Prinzessin ist in ihrer Pubertät, da ist ein Zimmer was ganz Heiliges, aber irgendwann sind halt in der Küchenschublade keine Löffel mehr, und auf der verzweifelten Suche nach Löffeln schaut man vorsichtig in den Pubertätspalast rein, und dann sieht man, dass das Heiligtum nicht ganz so penibel aufgeräumt ist, wie man sich selbst das vielleicht vorstellt, da wird man laut, fängt an zu schreien, sie schreit zurück – und während man das Blut und das Gehirn des Jungen von den Wänden schrubbt, denkt man plötzlich: Hoffentlich kriegt meine Tochter das nicht in den falschen Hals. Oder: Hoffentlich kriege ich rechtzeitig mit, wenn sie das in den falschen Hals kriegt. Weil: Der Junge hat sich ja auch nicht wegen des Streits erschossen. Der muss die Idee bereits länger gehabt haben. Brief, Altärchen, Kerze, das improvisiert man nicht spontan.

Nach drei Schrubbdurchgängen waren wir komplett am Ende. Ich hätte in den ersten Minuten danach nicht mal mehr eine Quittung unterschreiben können, so fertig war ich. Die Chlorbleichlauge hatte erstklassig gebleicht, und nur an den Stellen, die wir länger hatten schrubben müssen, müsste vielleicht neu gestrichen werden. Aber ansonsten hatten wir richtig gute Arbeit geleistet. Wir mussten nur noch die Folie am Boden zusammenfalten und einmal den Boden gründlich durchschrubben und auswischen. So viel gab es dort aber nicht zu wischen, denn die Schussenergie hatte sich nach oben und zur Seite hin entladen, nach unten hatte der Körper des Jungen das meiste abgeschirmt. Dann stellten wir die Möbel nach der Fotovorlage wieder hinein, und ich habe dem Vater, der zwischenzeitlich heimgekommen war, gesagt, dass wir nun fertig seien und gehen würden, falls er nicht noch Wünsche an uns hätte. Eine merkwürdige Situation, denn im Grunde will man eben, dass der Auftraggeber sich die Arbeit ansieht und sie abnickt wie bei einem Dachdecker oder Maurer oder jedem anderen Handwerker. Und hier sollte halt der Vater letzten Endes beurteilen, ob wir alle Teilchen seines Sohnes zu seiner Zufriedenheit entfernt hatten, eine letztlich unmenschliche Aufgabe, für die es aber keine Alternative gab. Ich kann ja nicht selbst sagen: »So, ich finde das jetzt in Ordnung und gehe.« Er hat dann mehr der Form halber kurz in den Raum gesehen, dann sind wir gefahren.

Ich weiß nicht, ob die Familie immer noch in dem Haus lebt. Sie haben sich über unsere Arbeit nicht beschwert, und ich verfolge die Fälle später auch nicht weiter. Manche Angehörige denken vielleicht, sie müssten das Haus erhalten, als Gedenkort. Für mich steht fest: Ich würde in einem solchen Fall die Bude renovieren und sofort verkaufen.

10. Verstopfung

Gelegentlich denke ich über seltsame Dinge nach, während ich so vor mich hin schabe und putze und wische. Zum Beispiel, warum mir gerade so furchtbar schlecht ist. Neulich war das der Fall, obwohl ich angenommen hatte, dass diese Arbeit eigentlich nicht so schwierig sein dürfte. Weil mal jemand nicht gestorben war oder korrekter gesagt: Gestorben war schon jemand, aber nicht in der Wohnung, die wir gerade putzten – die Tote hatte mit der Wohnung allenfalls nur ganz entfernt zu tun –, also hätte es doch ein angenehmeres Arbeiten sein *müssen.* Aber es half nichts, mir wurden unterm Wischen die Augen immer größer, so groß, dass Hardy besorgt zu mir kam und fragte, ob er mich ablösen sollte.

Ich sagte natürlich: »Nein, nein, ich glaub, 20 Minuten pack ich's noch«, weil ich ja auch kein Weichei sein wollte und bitte, ich hatte ja schon ganz andere Sachen geputzt, da würde ich mich doch hier nicht hängenlassen.

Aber irgendwie ließ sich offenbar der Schluss nicht mehr vermeiden, dass für mich Blut bei weitem nicht so schlimm ist wie Kot.

Tatsächlich war in dieser Wohnung, der furchtbarsten Wohnung, die ich je gereinigt habe, niemand gestorben. Und letztlich hatte die ganze Geschichte bei aller Widerlichkeit sogar auch etwas Rührendes, aber widerlich war's trotzdem. Und solche Jobs möchte ich, ehrlich gesagt, nicht mehr allzu viele machen. Doch das konnte ich ja nicht ahnen, als der Mann anrief.

Der Mann war etwa 60 Jahre alt, und wie er auf uns gekommen ist, weiß ich bis heute nicht. Ich merkte sofort, dass ihm der Anruf furchtbar unangenehm war. Seine Mutter war gestorben, erzählte er, in drei Tagen sei die Beerdigung, und darum wolle seine Schwester zu Besuch kommen – und bei ihm übernachten. Und dann dürfe die Wohnung auf keinen Fall so aussehen, wie sie jetzt aussähe. Auf keinen Fall! Er wüsste sich nicht mehr zu helfen, ob wir da was machen könnten?

»Prinzipiell schon«, sagte ich, »das ist zwar nicht unser Spezialgebiet, aber was machen können wir sicher. Was ist denn mit Ihrer Wohnung nicht in Ordnung?«

Er lebe allein, sagte er, und er habe länger nicht aufgeräumt. Er habe da diese Lebensmittelmotten, und außerdem gäbe es ein Problem mit dem Abfluss der Toilette, und zwar schon länger, doch den Klempner könne er in der Sache nicht rufen, weil der sich geweigert habe, das zu reparieren, solange es so schmutzig sei. Spätestens jetzt hatte ich eine ungefähre Vorstellung, was los war – ein Klempner ist von verstopften und schmutzigen Toiletten vermutlich nicht sonderlich überrascht und sieht so etwas öfter, das konnte also nicht der Grund sein. Vermutlich war es dem älteren Herrn selbst unangenehm, den Klempner zu rufen. Warum es ihm jedoch weniger unangenehm war, uns zu rufen, weiß ich nicht, unsere Homepage sieht auch nicht feinfühliger aus als die anderer Unternehmen. Ich wollte ihm den Auftrag nicht abschlagen. Das lag auch an seiner Stimme: Der Mann sprach klar, ein wenig langsam, aber man hörte sofort, dass er kein Alkoholiker war, niemand von den Menschen, die wir normalerweise in Messie-Wohnungen finden, die zwischen leeren Billigbierflaschen und Discounter-Wodka leben. Wie immer es bei ihm aussehen mochte, dieser Mann schämte sich bis auf die Knochen dafür. Und man hörte deutlich, dass es ihn große Überwindung gekostet hatte, uns zu benachrichtigen. Ich konnte mir genau vorstellen, wie groß seine Angst sein musste vor dem Augenblick, in dem seine Schwester die Wohnung betrat und das erlebte, was er für so furchtbar hielt. Und falls ich ablehnen würde, war fraglich, ob er sich zu einem Anruf bei einer anderen Firma würde durchringen können. Also sagte ich zu. Ein verstopfter Abfluss, etwas Unordnung, Lebensmittelmotten – was konnte daran schon so schlimm sein?

Wir klingelten pünktlich um neun Uhr bei dem alten Herrn in einer Stadt im Chiemgau. Ich hatte mich nicht getäuscht, am Klingelschild stand sein Name mit einem »Dr.« davor, er war vielleicht ein bisschen durchgeknallt, etwas vergeistigt, wie man sich zerstreute Wissenschaftler eben vorstellt, aber im Grunde sicher gutbürgerlich, das konnte nicht so schlimm sein. Und als der Doktor öffnete, wirkte er auch nicht völlig verlottert: Er hatte einen weißen Bart, eine Brille, ein schmuddeliges, fleckiges Hemd, Hosenträger an einer dunkelgrauen Hose ungewissen Zustands und roch nach altem Mann, aber nicht übermäßig, was ich angesichts der Wohnung im Nachhinein als mittelgroßes Wunder bezeichnen muss. Er ließ uns in die Wohnung, was schwer genug war, denn in der Wohnung war kaum Platz für drei Personen.

Der robuste, eigentlich schmutzunempfindliche graue

Teppichboden im Flur war unglaublich dreckig. Ein schmaler Durchgangsweg führte zwischen Aktenordnern, einer Saftkiste und einem kleinen Regal in die Küche. Die Einbaumöbel dort waren noch gar nicht so alt, eher fünf als zehn Jahre hätte ich geschätzt, aber zum Kochen waren sie beim besten Willen nicht mehr zu verwenden. Es gab in dieser Küche keine freie Fläche. Alles war voller Dosen, Tüten, Teller, Gläser, Kistchen, Büchsen. Überall tummelten sich die Lebensmittelmotten, ihre mit Spinnfäden befestigten Puppen waren in jedem Winkel, jeder Schachtel. Der Abfluss in der randvollen Spüle war verstopft. Und der Boden, ein prinzipiell pflegeleichter, heller Linoleumboden, war überzogen mit einem klebrigen Film aus Fett, Krümeln, Staub. Im Bereich zwischen der Spüle und dem Herd hatte er zudem eine eigenwillig gelbe Färbung angenommen, ich ging mal vorsichtshalber davon aus, dass der ältere Herr früher vermutlich gerne mit Curry gekocht hatte, auch wenn absolut nicht zu erkennen war, wie er sich sein Essen waren gemacht haben könnte.

Denn auf dem Herd war kein Platz, und woanders war kein Platz, um auf dem Herd auch nur Platz zur Nutzung einer einzigen Heizplatte zu schaffen. Da half es nichts, dass in einer weiteren Ecke der Küche ein zweiter Herd stand, denn der sah aus wie der erste. Beide Herde waren massiv dreckverkrustet, und jeder, der sie berührte, musste Angst haben, daran kleben zu bleiben. Das Doppelungsprinzip hatte offenbar System, denn es gab auch zwei Kühlschränke. Beide waren zwar randvoll, aber es befand sich nichts darin, was man guten Gewissens hätte essen können. Eine relativ neue Waschmaschine vervollständigte das erschütternde Bild. Sie war ebenfalls voll – voll Wäsche und voll Wasser, weil der Ablauf verstopft war. Die Wäsche konnte der Mann nicht herausholen, weil ihm dann das Wasser entgegengekommen wäre; das Wasser konnte er nicht ablassen, weil der Abfluss verstopft war. Diese Zwickmühle hatte ihn vollkommen überfordert, weshalb er die Wäsche samt Wasser in der Maschine gelassen hatte wie in einem riesigen Einmachglas. Aber ehrlich gesagt, ich hätte auch gar nicht gewusst, wo man die Wäsche hätte trocknen können.

Der einzige andere Raum in der Wohnung war das Wohnzimmer. Darin befand sich ein Fernseher, ein Regal mit der Stereoanlage, ein großer Tisch, Stühle, Sessel, Teppiche, ein Regal voller jahrhundertealter Nüsse, in denen sich mehrere Generationen von Motten eingemietet hatten. Den restlichen Raum des Wohnzimmers füllten Kisten, Kästen, Schachteln und allerlei, was andere Leute entweder weggeworfen oder verbrannt hätten. Einzige Ausnahme war ein Bereich, in dem sich der Müll nicht ganz so dicht stapelte, weil der Mann dort nachts die Matratze ausbreitete, auf der er schlief. Mit viel gutem Willen ließ sich in diesem Wohnzimmer eine Glastür öffnen, die hinausführte auf eine weitere Deponie, die früher einmal als Balkon gedient hatte. Alte Lumpen und Teppiche lagen dort, die möglicherweise auf einem Stuhl aufgetürmt waren, aber das ließ sich nicht so leicht erkennen, weil man sich auf dem Exbalkon besser nicht zu lange aufhielt. Denn in einem der Teppichlumpenklumpen befand sich ein fußballgroßes Wespennest.

Was das Ganze wirklich ekelhaft machte, war das Badezimmer, das keines mehr war. Die Badewanne war bis einen halben Meter über den Rand voll mit Töpfen, Einkaufstüten, Kisten und alten Toilettenplüschvorlegern. Der Ablauf des Waschbeckens war fast schon folgerichtig verstopft, das Abwasserproblem hatte der Doktor daraufhin über die Toilette gelöst. Abgesehen davon, dass ich mir so eine auch nur halbwegs sinnvolle Körperwäsche beim besten Willen nicht mehr vorstellen konnte, begann hier aber auch das nächste und größte Problem. Die Toilette war nicht dicht, exakt dort, wo sie normalerweise mit dem Boden verschraubt ist, floss von allem, was man durch sie hindurchspülte, ein gut sichtbarer Prozentsatz auf die Bodenfliesen. Und damit meine ich nicht nur von dem, was der Herr eigentlich in sein Waschbecken hätte kippen wollen, ich meine *alles*. Auch damit hatte er sich seit geraumer Zeit offenbar arrangiert. Rund um die Toilette war im Laufe der Monate ein dunkler, definitiv dreidimensionaler Kranz entstanden, vor dem der Toilettenplüschvorleger vermutlich mit der Lagerung auf dem Badewannenberg bewahrt hatte werden sollen. So viel Nachsicht war dem Rest der Wohnung leider nicht vergönnt. Von den erbärmlich verschmierten, stinkenden Toilettenfliesen ging ein Trampelpfad durch den Flur zur Küche und ins Wohnzimmer, ein Trampelpfad, über den jemand immer wieder hin und zurück gewandert war und alles gründlich verteilt hatte, was aus der Toilette gesickert war. Ich blickte am Doktor entlang nach unten. Die Schuhe, die all den Dreck über Wochen hinweg aufgesaugt und abgegeben hatten, waren an seinen Füßen, schlichte, großväterliche

Filzpantoffel, zweifellos das Beste, was man unter den gegebenen Umständen zur nachhaltigen Kontamination der eigenen Wohnung anziehen konnte. Diese Wohnung war eine Bankrotterklärung vor den einfachsten alltäglichen Tätigkeiten, ein Zeugnis der völligen Hilflosigkeit, die schon eine Ewigkeit andauern musste. Und das Bitterste daran war, dass der Doktor sich nicht daran gewöhnt hatte wie andere Messies, sondern dass ihm sehr wohl klar war, dass normale Menschen nicht so lebten wie er. Und ein Teil seiner Reaktion war sein Rückzug in diese furchtbare Wohnung – er konnte das Problem nicht mehr lösen, also hatte er beschlossen, es niemanden sehen zu lassen. Diesem Mann hatte kein Klempner abgesagt, dieser Mann hatte ganz offensichtlich nicht mehr den Mut gehabt, einen Klempner anzurufen. Dann rief er schon lieber uns, die wir vielleicht noch viel Schlimmeres gesehen hatten.

Wir holten unsere Overalls. Die folgenden Stunden boten dann auch ein ziemlich bizarres Bild: Während um uns herum der alte Mann so wie immer stand und saß, im verdreckten Hemd, in den Filzlatschen, in dieser undefinierbaren Hose, kämpften wir uns durch seine Wohnung wie durch verseuchtes Gebiet, in voller Montur, mit weißen Overalls, mit Mundschutz, alle Ritzen in der Kleidung dicht abgeklebt. Als Erstes desinfizierten wir seine Wohnung: Wände, Decken, den Boden, ganz besonders den Boden, Kohrsolin, 15-prozentig. Es hätte nicht viel gefehlt und wir hätten ihn vorsichtshalber gleich mit desinfiziert. Danach teilten wir uns auf.

Hardy übernahm die Küche und ich das Bad. Lange Zeit stand nicht fest, wer dabei den schlechteren Griff gemacht hatte. Aus der Küche entsorgte Hardy sechs gefüllte 120-Liter-Müllsäcke. Dann, als erstmals Platz zum Arbeiten war, reinigte er sämtliche Flächen, sämtliche Schränke, sämtliche Schubladen mit Desinfektionslösung, immer schön von oben nach unten. Ausräumen, Putzen, Einräumen, ein Klacks im Vergleich zu dem, was danach kam: der Herd. Hardy war ungelogen zwei Stunden lang allein mit dem Herd beschäftigt. Erst mit dem einen, dann mit dem anderen.

In Sachen Müll konnte ich im Bad mit Hardy gleichziehen. Das Leeren der Badewanne füllte ähnlich viele Tüten wie bei ihm in der Küche. Beim Putzen hätte ich gerne den Herd übernommen, wenn mir dafür der Boden rund um die Toilette erspart geblieben wäre. Ich arbeitete mit einer DES 3000-Lösung, die praktischerweise Desinfektions- und Reinigungsmittel in einem ist und die wirklich erstaunlich gut wirkte – aber eindeutig an ihre Grenzen stieß. Was über Monate eingesickert, angetrocknet, überlagert, eingesickert, angetrocknet, überlagert war, ließ sich nicht einfach in ein paar Stunden auflösen. Ich kroch auf Knien um die Toilettenschüssel (die ich wohlweislich als Allererstes gewienert hatte) und löste mit einem Spachtel und einer Bürste mühsam und krümelweise die dunklen Schichten ab, von denen ich nur zu gern nicht gewusst hätte, was es war. Ich wäre froh gewesen, wenn ich mit einem handelsüblichen Schrubber im Stehen hätte arbeiten können, aber so hätte ich niemals genug Druck entwickeln können, um den Kot abzulösen, der praktisch versteinert war. Ich verbrachte zwei bis drei Stunden stets auf Tuchfühlung mit den Exkrementen, die Nase nie mehr als 40 Zenti-

meter davon entfernt, und vielleicht hätte ich sogar ge-
kotzt, wenn ich gewusst hätte, wohin. Man erbricht sich
nicht so leicht in eine Toilette, wenn man weiß, dass man
alles sofort selbst wieder aufwischen darf.

Alles hat einmal ein Ende, Hardy war mit seiner Küche etwa zur gleichen Zeit fertig wie ich mit dem Bad.
Nun begannen wir Platz zu schaffen. Im Flur, im Wohnzimmer und vor allem auf dem Balkon. Wir wollten dort
all das, was nicht weggeworfen wurde, zwischenlagern –
und obendrein den alten Herrn. Es ging ja schließlich
auch um Schädlingsbekämpfung. Sobald wir die Sied-
lungs- und Brutorte seiner Motten entsorgt hatten, würden wir die bestehenden Bestände vergiften müssen.
Und währenddessen konnten wir ihn ja nicht in den In-
sektizidnebel setzen. Wir hatten ihm vorgeschlagen, er
solle in der Zwischenzeit in ein Café gehen, aber es zeigte sich rasch, dass er längst nicht mehr in der Lage war,
sich unter andere Menschen zu begeben. Also würde
er auf dem Balkon warten müssen, was im Juli wenigstens von der Temperatur her problemlos möglich war.
Wir gingen zuerst die Wespen an und beseitigten sie mit
Wespenex Depot aus der Pumpflasche. Dann entmüll-
ten wir weitestgehend den Balkon und das Wohnzimmer. Den Klammereffekt, den manche Messies haben –
die Unmöglichkeit, sich von den Dingen zu trennen –,
hatte der alte Herr seltsamerweise nicht; ich hatte sogar
den Eindruck, er war uns richtig dankbar. Andererseits
bestand ein Großteil seines Besitzes auch lediglich aus
mottenverseuchten Nusstüten, was übrigens nicht un-
typisch ist. Ich kann nicht erklären, warum, aber alte
Menschen haben mit schöner Regelmäßigkeit gewaltige

Nussbestände zu Hause. Walnuss, Haselnuss, Mandeln, in jedem Zustand, geschält, gehackt, mit Vorliebe auch gemahlen, als müssten sie alle gleich am nächsten Tag große Mengen an Nussplätzchen backen.

Hardy versetzte einstweilen den Teppichboden im Flur in einen menschenwürdigen Zustand. Teppichreiniger hatten wir natürlich nicht dabei, aber er war mit DES 3000 erstaunlich erfolgreich. Und damit unsere Arbeit so etwas Ähnliches wie nachhaltig wurde, kümmerten wir uns um den Abfluss. Reparieren konnten wir ihn nicht, dazu fehlte uns das passende Werkzeug, aber im Auftrag des Doktors rief ich einen Installateur an, der versprach, am nächsten Tag zu kommen. Inzwischen war ja auch die Wohnung in einem Zustand, in dem man ihn problemlos hereinlassen konnte.

Ich will nicht angeben, aber wir haben schon einiges auf die Beine gestellt. Zaubern können wir nicht, das Waschmaschinenproblem etwa haben wir nicht beheben können. Aber ich habe ja wie immer Vorher-Nachher-Fotos gemacht, in die Küche ging man wieder gerne hinein. Die gelbe Färbung des Bodens hatten wir leider nicht wegbekommen, aber man hätte sich jederzeit trotzdem in die Küche setzen mögen. Ich hatte sogar mit ein paar Petersilienbündeln und etwas Obst, das man noch guten Gewissens essen konnte, ein hübsches Arrangement auf die Spüle gezaubert, ein bisschen »Schöner Wohnen« für Arme, aber immerhin, auf den ersten Blick ging die Küche als tadellos gepflegt durch.

Das Wohnzimmer war sauber und nicht mehr vollgemüllt. Ob wir an der Stelle seiner Schwester dort hätten übernachten wollen, kann ich nicht sagen, aber wir

kannten erstens die Schwester nicht und konnten zweitens auch nicht jedes Problem lösen. Das Bad jedenfalls blinkte wie neu gefliest. Und in den Flur hätte man
sicher einen neueren Teppich legen können, aber bestimmt keinen saubereren. Wir brauchten uns für unsere Arbeit wirklich nicht zu schämen, und der Doktor
nicht mehr für seine Wohnung. Es war inzwischen spät
geworden, etwa sieben Uhr. 1200 Euro zahlte der Doktor, problemlos, das mit seiner Wohnung war ein persönliches Problem und keines, das mit Geld zu tun hatte.
Ich empfahl ihm dringend, einfach einmal pro Woche
eine Putzfrau zu ordern, wer weiß, vielleicht hätte ich
sie ihm sogar noch heraussuchen sollen, aber irgendwo ist halt Schluss. Dann brachten wir ihn zur Tür. Zur
Balkontür.

Er setzte sich dort auf einen Stuhl. Wir schlossen die
Tür und begannen die Wohnung zu vernebeln. Nach
drei Stunden, hatten wir ihm eingeschärft, sollte er die
Wohnung gut lüften, dann dürfe er wieder hineingehen.
Wir winkten ihm zu, er wirkte beruhigter als heute Morgen. Und dann fuhren wir ab, guten Gewissens. Und
trotzdem will ich, glaube ich, lieber doch nicht wissen,
wie die Wohnung heute aussieht.

11. Die Familie an meiner Seite

In einem Punkt habe ich besonderes Glück, gerade in Anbetracht meines Berufs: Ich habe eine Familie, die alles mitmacht. Ich habe eine wunderbare Frau und zwei wunderbare Töchter, und das Wunderbarste ist wahrscheinlich für die meisten, die mich kennen, wie ich das überhaupt in meinem Leben untergebracht habe. Denn als ich meine Frau und ihre zwei Töchter kennenlernte, bestand mein Leben praktisch rund um die Uhr aus Feuerwehr.

Im Jahr 2003 hatte ich regulär drei 24-Stunden-Schichten pro Woche, dazu war ich für die freiwillige Feuerwehr Gerätewart, was noch einmal 16 Wochenstunden erforderte. Darüber hinaus hatte ich meinen Nebenjob als Schädlingsbekämpfer begonnen, was bedeutete, dass rund um die Uhr das Telefon klingeln konnte. Theoretisch hätte ich also meine Frau nur kennenlernen können, wenn sie sich in einem brennenden Haus aufgehalten hätte, in einen Unfall verwickelt gewesen wäre oder für ihre Düsseldorfer Wohnung einen Wespenbekämpfer aus München geordert hätte. Tatsächlich kennengelernt haben wir uns in dem einzigen Zeitfenster, das ich hatte, im Urlaub.

Wir waren beide auf Mallorca. Sie war mir abends in der Disco aufgefallen. Knallblond, ein hübsches, fröhliches Gesicht, zwei Kinder dabei, mit denen sie so umging, dass man ahnen konnte, dass da jemand mit beiden Beinen fest auf dem Boden steht. Das Erste, was ich zu ihr gesagt habe, war nicht sonderlich genial: Ob sie am nächsten Abend auch wieder in der Disco wäre. Was sollte ich auch sonst schon groß sagen? Ich wollte sie wiedersehen, und ich hab ihr das gesagt und auch gezeigt, da muss ich keinen abgeschmackten Anmachspruch raushauen. Und abends war sie dann tatsächlich da. Mit ihrer kleinen Tochter Jill. Die war damals elf, hat den fremden Mann böse angesehen, weil der dauernd mit der Mama geredet hat, aber der fremde Mann hat sich nicht abwimmeln lassen, weil er die Mama so toll fand. Und weil das kein Zufall sein konnte, dass sie Petra heißt und ich Peter, dass ich am 23. Januar Geburtstag habe und sie am 24. Januar. Mir war ziemlich schnell klar, dass ich für sie jederzeit bereit war, eine ganze Familie mit in mein Leben zu lassen – wenn sie reinwollte.

Petra habe ich natürlich nicht sofort von meinem Nebenjob als Schädlingsbekämpfer erzählt. Ich bin Feuerwehrmann, habe ich ihr gesagt, und das hat damals vom Umfang der jeweiligen Arbeitsbelastung her auch gestimmt. Das Schädlingsbekämpfungsgeschäft fing ja erst an. Dass ich Recht hatte, zeigte mir die Reaktion ihrer Töchter. Als Feuerwehrmann hat man bei einer Elfjährigen und einer 15-Jährigen zumindest schon mal einen kleinen Stein im Brett. Petra erzählt heute noch gern, dass ihre Töchter auf Fragen nach dem Beruf des Vaters in der Schule »Feuerwehrmann« geantwortet haben, obwohl ich ja gar nicht der richtige Vater von den beiden bin. Aber »Feuerwehrmann« klingt halt cooler.

»Wespi-München« hieß meine kleine Nebenfirma

damals, das hat den Job »Schädlingsbekämpfer« etwas schöner verpackt. Bei »Wespi« war klar, dass die Hauptrichtung bei Wespen liegt, und wer Wespen bekämpft ist eine Art Held, weil Wespen so gefährlich wirken. Und die anderen Viecher, die noch zum Job gehören, die habe ich Petra nach und nach beigebracht. »Soll man die anderen Leute mit den Schädlingen allein lassen?«, habe ich auf ihre Einwände geantwortet. Trotzdem ist Petra meine Nebentätigkeit damals nicht ganz geheuer gewesen, und sie ist es ihr auch heute nicht so recht.

Ich liebe ja vieles an ihr, aber eine ihrer liebenswertesten Eigenschaften ist, dass sie mir nie etwas verbieten würde. Sie sagt: »Wir sind doch erwachsene Menschen, warum soll man dem anderen etwas verbieten, was ihm wichtig ist?« Aber sie ist dabei schon mehrfach über ihren Schatten gesprungen, das weiß ich. Kurz nachdem sie mit ihren Kindern zu mir nach München gezogen ist, ist sie sogar noch bei jedem Wespeneinsatz oder bei meinen Besorgungen für die Feuerwehr mitgefahren, weil wir so wenig Zeit füreinander hatten. Ich habe dann beschlossen, etwas kürzer zu treten, und die Zusatzarbeit bei der freiwilligen Feuerwehr abgegeben. So habe ich uns ein bisschen mehr Freiraum verschafft. Aber im Jahr 2005 ist die Schädlingsbekämpfung dann richtig in Fahrt gekommen.

Damals hat sie sich auch selbst etwas vorgeschwindelt. Das erzählt sie jedenfalls. Sie dachte, dass meine Nebentätigkeit vielleicht nur eine vorübergehende Phase in meinem Leben wäre. Aber beruflich bin ich viel zielorientierter und nicht so wankelmütig wie bei meinen Hobbys. Das waren mal Modellautos oder Flugzeuge, derzeit ist es das Tauchen und in drei Jahren vielleicht Basejumping, wer weiß?

Was meiner Frau bei der Schädlingsbekämpfung Sorgen macht, sind nicht die verschiedenen Insektizide und Chemikalien, sondern dass ich einmal Schädlinge mit einschleppen könnte. Einmal sind wir deshalb auch ziemlich aneinandergeraten, und zwar wegen der Sache mit den Bettwanzen.

Hierzu muss ich vorausschicken, dass ich mit Bettwanzen seit einigen Jahren immer mehr zu tun habe. Jahrzehntelang sind diese Tierchen in Deutschland so gut wie nicht mehr vorgekommen, aber seit zwei, drei Jahren rollt eine richtige Welle auf uns zu. Das liegt einerseits daran, dass in Deutschland kein Mensch mehr ernsthaft damit rechnet, dass es hierzulande Bettwanzen geben könnte, weil diese Blutsauger kaum jemand je gesehen hat. Andererseits verbringen wir unseren Urlaub vermehrt in Gegenden, in denen es diese Schädlinge noch gibt, wie zum Beispiel in Asien. Aber nicht nur asiatische Länder haben ein Bettwanzenproblem, sondern auch ein Staat, von dem man es nicht erwartet hätte: die USA.

An dieser Stelle sollte man vielleicht klarstellen: Für Bettwanzen muss sich niemand schämen, auch kein Amerikaner. Bettwanzen haben nichts damit zu tun, wie oft man sich wäscht oder wie oft man staubsaugt, ob man seine Wohnung mit Krimskrams vollstopft oder leerräumt wie ein modernes Museum, ob man von Hartz IV lebt oder von den Mieteinnahmen aus acht Eigentumswohnungen. Da kann man seine Wohnung jeden Tag desinfizieren, das ist den Bettwanzen egal, die kommen auch mit einem pieksauberen Umfeld klar. Und in die Wohnung gelangen sie nicht mit dem Schmutz, sondern mit der Kleidung und den Koffern. Das ist sozusagen das einzige noch ungelöste Rätsel: Wie die Bettwanze einen Koffer erkennt und warum sie sich dort verkriecht, denn normalerweise sucht sie sich ganz andere Verstecke. Sie verbirgt sich an den Orten, wo man sie sich einfängt, in den Hotels und Pensionen, im Bett hinter dem Kopfteil oder in Hohlräumen anderer Möbel in Reichweite ihres Opfers. Meine Theorie ist: Sobald ein Weibchen befruchtet ist, sucht es sich andere Verstecke, Orte, die den Geruch des Opfers haben, aber nicht seine Körpertemperatur – wie etwa Schmutzwäsche. Das Erstaunliche dabei ist, dass das Weibchen, sobald man den Koffer hier auspackt, nicht sofort den nächsten Koffer aufsucht, sondern sich wieder in die normalen Wanzenrückzugsorte verkriecht – ganz so, als wüsste es Bescheid und könnte genau zwischen Abreise und Ankunft unterscheiden. Wahrscheinlich ist es aber so, dass das Weibchen nur eine bestimmte Zeit nach der Befruchtung Kofferfan ist, danach wird es wieder, was es vorher war: ein Bettgestellfan. Wie dem auch sei, ein Wanzenbefall kann jedem passieren, und in Sachen Bettwanzen bin ich in München in allen Stadtteilen unterwegs, im Arbeiterviertel genauso wie in den Nobelvororten.

Bettwanzenbefall ist bei richtiger Vorgehensweise absolut beherrschbar, denn die Bettwanze hat ihre Prinzipien, und von denen weicht sie nicht ab. Sie sucht nachts eine Kohlendioxidquelle, die 37 Grad Celsius warm ist, nicht mehr und nicht weniger. Das ist wichtig, denn mit 38 Grad würde sie beim Hund oder der Katze landen.

Darum haben professionelle Wanzenjäger technische Wanzenköder, simple Geräte, die sich elektrisch auf 37 Grad Celsius aufheizen und aus einer Patrone Kohlendioxid verströmen. Sobald Wanzen das spüren und riechen, machen sie sich auf den Weg. Sie sind nicht langsam, sondern krabbeln richtig flott. Sie kommen ans Bett, kriechen daran hoch und fertig. Davon merkt man zunächst noch nichts. Man hat ja meist nur eine Wanze mitgebracht und deshalb vielleicht mal einen Stich, aber der könnte auch von einer Stechmücke stammen. Dann legt das Wanzenweibchen seine Eier, täglich etwa zwei bis drei. Die Larven, die sogenannten Nymphen, schlüpfen bei Zimmertemperatur nach etwa 14 Tagen, im Winter in einem kühlen Schlafzimmer nach drei Wochen. Das heißt, 14 Tage nach dem Urlaub hat man dann drei bis vier Wanzen, die jeweils einmal pro Woche zubeißen. Dann werden es jeden Tag zwei bis drei mehr, aber dieses Tempo gilt natürlich nur so lange, bis ein zweites Weibchen geschlechtsreif und befruchtet ist. Und so eine Wanze lebt ziemlich lang, etwa sechs bis zwölf Monate, aber so lange braucht kaum jemand, bis er feststellt, dass es sich hier nicht um ein Stechmückenproblem handeln kann. Nur manchmal, wenn die Leute total zerbissen aus dem Urlaub heimkommen, ist es trotzdem schwierig, einen Wanzenbefall zu erkennen, weil man einfach nicht weiß, ob's neue Bisse sind oder alte. Da rate ich dann, die vorhandenen Bisse mit Kugelschreiber einzukringeln. Das sieht zwar etwas albern aus, aber was soll man sonst machen?

Sobald der Befall feststeht, ist das Problem schon halb gelöst. Jetzt kommt es nur darauf an, dass man einen akribischen Schädlingsbekämpfer findet, der die Bettwäsche und alle Textilien im Schlafzimmer einsammelt und sich dann ums Bett kümmert. Dass er gut ist, merkt man daran, dass er das Bett nicht einfach besprüht, sondern auseinandernimmt, und zwar komplett. Er zerlegt den Lattenrost inklusive der einzelnen Latten, alles, denn die Wanzen sitzen vor allem in den Verbindungslöchern. Der Schädlingsbekämpfer reinigt nun alle Einzelteile von Wanzen und Wanzeneiern und schaut zusätzlich hinter Tapeten, Bilder und Bodenleisten, da sich die Wanzen dort gern tagsüber verstecken, aber entscheidend ist, dass das Bett eine wanzenfreie Insel ist. Dazu ist übrigens nicht einmal eine chemische Keule nötig, gute Reinigungs- oder Desinfektionsmittel, etwa Isopropanol, können hier verwendet werden. Klebestreifen an den Beinen des Bettgestells verhindern, dass neue Wanzen ins Bett kommen. Und den Rest erledigt der Sicherheitsstreifen, den wir an der Wand entlang und rund ums Bett aufsprühen, ein Kontaktinsektizid, das die Wanzen in jedem Fall durchqueren müssen, wenn sie ins Bett wollen – Wanzen kommen immer über den Boden. Da kann man sich als viel gebissenes Opfer dann mit einer gewissen Genugtuung als Köder ins Bett legen, und soll es sogar – weil sonst die Wanzen keinen Grund haben, sich auf den Weg zum Gift zu machen. Wenn der Schädlingsbekämpfer wirklich gründlich gearbeitet hat, ist eine Nachbehandlung nicht mehr notwendig. Und deswegen machte ich mir auch in diesem speziellen Fall zunächst keine Sorgen.

Wir wollten die Wohnung einer Sozialhilfeempfängerin entwanzen, aber »entwanzen« war hier kaum

der passende Ausdruck, weil ich eine derart verwanz-
te Wohnung in meinem ganzen Leben noch nicht gesehen habe. Bettwanzen sieht man tagsüber normalerweise nicht, sie sitzen in ihrem Versteck im oder beim
Bett und kommen erst nachts raus. In dieser Wohnung
war es aber anders. Die Tiere krabbelten bei Tage durchs
Wohnzimmer und an sämtlichen Wänden hoch. Wir
konnten sie auch riechen. Wenn Wanzen in Massen auftreten, verströmen sie einen penetranten, mildsüßlichen
Geruch. Da weiß man dann sofort: Das sind mehr als
nur eine Handvoll.

Die Dame hatte sich über Jahre hinweg nicht getraut,
Hilfe zu holen, weil es ihr peinlich war und weil sie das
Geld nicht hatte. Anzurufen traute sie sich erst, als der
Leidensdruck zu hoch war. Sie schlief höchstens noch
zwei Stunden pro Nacht, und sie war so zerstochen, als
stünde ihr Bett mitten in einem Sumpfgebiet. Dass es so
schlimm sein könnte, hatte ich nicht geahnt, denn sonst
hätte ich Überschuhe mitgenommen. So stand ich zwar
in meinem Overall da, aber ich hatte nur ganz normale
Turnschuhe an. Und wenn bei Schuhen der Schaft nicht
über den Knöchel geht, kann man den Overall an dieser
Stelle nicht mit Klebeband richtig dicht abkleben.

Ich habe noch vom Einsatzort aus bei Petra angerufen,
sie möchte mir zu Hause in der Garage eine Schleuse
aufbauen. Das klingt technischer, als es ist, es ist genau-
genommen dasselbe, was ich Urlaubern rate, die mich
noch aus ihrem wanzenverseuchten Hotel anrufen und
fragen, was sie tun können, damit sie die Tiere nicht mit
in ihr Haus schleppen. Ich sage ihnen dann immer, dass
wir uns vor ihrer Haustür treffen, dass sie ihre Wäsche

und Kleidung in Plastiktüten verpacken und uns samt ihrem Gepäck geben sollen. Die Leute ziehen sich dann aus bis auf die Unterhose, gehen ins Haus unter die Dusche, wir bringen die Kleider in die Reinigung und behandeln das Gepäck. Das klingt ein wenig rabiat, aber es hilft absolut zuverlässig. Und so ähnlich wollte ich es auch zu Hause machen.

Ich brauchte einen kompletten frischen Wäschesatz sowie dichte Wäschebeutel, in die ich meine Kleider zum Waschen stecken kann. Das sind spezielle Beutel, die hermetisch abschließen und die man verschlossen in die Waschmaschine gibt, damit man sie nicht noch einmal öffnen muss und dann womöglich die Tierchen in der ganzen Wohnung verstreut – und diese Beutel lösen sich in der Waschmaschine bei Kontakt mit Wasser restlos auf. Die Turnschuhe habe ich gleich mit Insektizid behandelt, verpackt und weggeworfen. Außerdem hatte mir Petra schon die Badewanne eingelassen. Es funktionierte auch alles tadellos, wir machten das ja nicht zum ersten Mal, aber ich habe vor lauter Eile, um in die Wanne zu kommen, vergessen, die Socken zu wechseln. Und ich erinnere mich noch genau, wie ich mich in die Badewanne setze und genüsslich ins heiße Wasser rutsche und dann auf meine Socken blicke, die auf den Badezimmerfliesen liegen.

Und auf den Socken erkenne ich drei schwarze Punkte.

Ich bin so schnell wieder aus der Wanne raus wie noch nie in meinem Leben und habe sofort die Socken eingesammelt, rausgetragen und mit Insektizid behandelt. Dann habe ich sie noch einmal separat in eine Plastik-

tüte gepackt und in den Müll gestopft. Petra war stink-
sauer. Ich habe in der Nacht kein Auge zugemacht, und
sie vermutlich auch nicht. Und am nächsten Morgen bin
ich sofort in aller Frühe zur Mülltonne, habe die So-
ckentüte rausgeholt und überprüft, ob die Viecher wirklich unschädlich waren. Sie waren. Aufs Insektizid kann
man sich verlassen, vor allem, wenn man feststellt, dass
man damit letztlich nur drei Körner Grassamen behandelt hat.

Ist vielleicht auch seltsam: ein Schädlingsbekämpfer
mit Angst vor Bettwanzen. Aber sie ist natürlich berech-
tigt. Die Gefahr, dass man sich was einschleppt, besteht
immer, und je öfter man Einsätze hat, desto sicherer ist,
dass mal eines Tages etwas übersehen wird. Dass Petra
das trotzdem mitmacht, ist sensationell. Und dass sie
den Schritt zur Tatortreinigung mitgemacht hat, muss
ich umso höher bewerten.

Ich habe Petra natürlich vorher gefragt, was sie davon
hält. Ich habe sie im Büro angerufen, ihr gesagt, dass ich
das Angebot hätte, und sie hat schon während des Ge-
sprächs an meiner Stimme gehört, dass ich das gerne
machen wollte. Selbstverständlich hat sie das herausge-
hört – ich habe ja umgekehrt auch gehört, dass sich ihre
Begeisterung in sehr überschaubaren Grenzen gehalten
hat. Aber sie ist ihren Prinzipien treu geblieben, sie hat's
mir nicht ausgeredet. »Muss das sein?«, hat sie gefragt.

Dann hat sie noch gesagt:

»Du musst aber nicht glauben, dass ich da auch noch
mitfahre!«

Später hat sie mir dann erzählt, dass sie sich wieder
ein bisschen selbst beschwindelt hat: Das wäre vielleicht

nur eine Phase von mir, die ich nach einer gewissen Zeit wieder aufgebe. Aber das hatte ja schon bei den Wespen nicht geklappt …

Anfangs hat sie noch befürchtet, sie könnte mich abends nicht mehr riechen, wenn ich vom Tatort zurückkomme. Aber mit den Overalls hat das bislang tadellos funktioniert. Sie nehmen in extremen Fällen zwar den Geruch an, aber hinterher werden sie nicht gewaschen, sondern weggeschmissen. Wir gehen da genauso vor wie bei den Schädlingseinsatzorten: Was mit Chemikalien oder den Tieren in Berührung kommt, wird entsorgt.

Nur einmal hat Petra gestreikt. Das war, als ich nach einer Fernsehsendung auf die Idee gekommen bin, welches Gewerbe ein Tatortreiniger wie ich und eine Sonnen- und Beautystudio-Chefin wie sie gemeinsam betreiben könnten: nämlich ein Beerdigungsinstitut. Könnte ich mir gut vorstellen. Ein krisensicherer Job, und von den Dingen, die einem da begegnen, könnte mich vermutlich nicht mehr viel schockieren. Ich sarge ein, sie sorgt fürs richtige Aussehen. Und dann arbeiten wir Hand in Hand und sind den ganzen Tag zusammen – den Gedanken fände ich prima, und dabei bin ich wohl leicht über das Ziel hinausgeschossen.

Betrunken war ich dabei nicht, ich trinke kaum Alkohol. Aber vielleicht habe ich ein wenig zu viel rumgesponnen. Jedenfalls hat Petra mit sehr wenigen Worten sehr deutlich gemacht, dass unsere berufliche Zukunft nicht im Bestattungsgewerbe liegen wird.

Na gut, damit kann ich leben.

Eins noch, nicht dass jemand auf den Gedanken kommen könnte, ich hätte mir bei der verwanzten Wohnung der Sozialhilfeempfängerin so viel Sorgen gemacht, weil ich meinen eigenen Methoden nicht traute – die Wohnung war bereits nach dem ersten Durchgang wanzenfrei. Wie bei uns üblich.

12. Der Tod ist eine Baustelle

Eigentlich ist es verblüffend, dass auf Baustellen nicht mehr passiert. Denn Baustellen sind gefährlicher, als man denkt: Das Areal ist nur unzureichend gesichert, die verwendeten Geräte sind oft recht schwer, die Arbeit ist anstrengend, ermüdend und manchmal eintönig. Erst kürzlich haben Kollegen von mir einen Arbeiter tot geborgen, der einfach nur am falschen Ort stand, als bei einem offenbar mäßig gewarteten Kran das Tragseil abriss. Der Mann wurde dabei nicht einmal von irgendeiner Ladung erschlagen, sondern der Eisenhaken spaltete ihm vorne den Brustkorb der Länge nach auf. Im November mussten wir einen Arbeiter zusammenflicken, der auf einer Baustelle mit der Rüttelplatte unterwegs war. Die Rüttelplatte ähnelt einem Presslufthammer, hat unten aber keinen Meißelkopf, sondern eine Platte. Sie stemmt sich automatisch hoch, lässt sich fallen und presst mit dem Schwung ihres eigenen Gewichts den Boden unter sich zusammen. Man kann damit Sandboden festdrücken oder Kies, und das sollte der Arbeiter auch tun, im ersten Stock. Dabei ist er allerdings im Laufe seiner Arbeit vom ersten Stock abgerutscht in ein unfertiges Treppenhaus und fünf Meter in die Tiefe gestürzt.

Immerhin – er hat überlebt. Knapp zwei Stunden später wurden meine Kollegen vom Rettungsdienst zu einer weiteren Baustelle gerufen – der Arbeiter dort wurde unser nächster Auftrag.

So richtig erklären ließ sich sein Tod nicht. Der 35-jäh-
rige Portugiese hatte mit seinen Kollegen an einem vier-
stöckigen Rohbau gearbeitet, er war routiniert und galt
als zuverlässig. Der Rohbau war noch in einer relativ
frühen Phase, die Arbeiter waren erst am Betonieren,
Dach und Geländer fehlten noch.

Nur zur Erklärung, weil einige beim Thema »Bauen«
sicher noch an die gute alte Backsteinzeit denken: Beim
Betonieren werden sämtliche Bestandteile des Hauses
aus Beton gegossen. Man muss dazu für jede Wand, jede
Decke eine Art Gussform errichten, was man »Einscha-
len« nennt. Für eine Wand braucht man beispielsweise
zwei senkrechte dünne Holzwände, zwischen die man
den Beton gießen kann, für eine Decke errichtet man
auf Stahlträgern so etwas Ähnliches wie einen großen
leeren Sandkasten, den man mit Beton füllt. Wenn er
voll ist, lässt man den Sandkasten trocknen und entfernt
anschließend die Bretter – das ist dann das sogenannte
Ausschalen. Die Arbeit an so einer Baustelle besteht aus
einem ständigen Ein- und Ausschalen, und möglicherweise hatte der 35-Jährige dabei den Überblick verloren.
Jedenfalls hatte ihm niemand aufgetragen, den Stahlträger unter der Decke des obersten Stockwerks zu entfernen.

Es wäre ja auch ohne Sinn und Zweck gewesen: Das
obere Stockwerk war definitiv noch nicht fertig. Es bestand aus den Holzplatten, die über die Stahlträger gelegt worden waren, und aus etwas Zement, aber so wenig Zement, dass man die Holzplatten darunter gut
erkennen konnte. Das oberste Stockwerk war deutlich
sichtbar nicht fertig, weshalb es auch keinen Anlass gab,

jetzt schon vom Stockwerk darunter die Träger herauszuziehen. Der Arbeiter tat es trotzdem. Dann stieg er nach oben.

Vielleicht waren ihm zwischenzeitlich selbst Zweifel gekommen, ob er die Träger an der richtigen Stelle entfernt hatte, weshalb er es überprüfen wollte. Jedenfalls trat er dabei genau auf das Brett, unter dem der Stahlträger fehlte. Als wir eintrafen, hing es noch immer schräg in der Luft, die eine Seite notdürftig gehalten von einem Klecks Beton. Der Mann stürzte in den Aufzugschacht, in dem noch kein Aufzug war, etwa zwölf Meter in die Tiefe.

Er war mit dem Kopf voran aufgeschlagen. Als Klaus und ich um acht Uhr morgens eintrafen, konnten wir es am Helm erkennen, der noch im Schacht lag. Der Helm war zerbrochen, ein Beleg dafür, dass er ihn bis zum Schluss aufgehabt hatte. Im Sockelbecken des Aufzugschachts hatte sich zwar Regenwasser angesammelt, aber nachdem das Becken nur knapp knietief war, hatte das Wasser den Aufprall natürlich nicht gedämpft. Der Schlag hatte den Schädel des Arbeiters zertrümmert, und dann war er bewusstlos verblutet. Der Helm trieb jetzt im Sockelbecken des Aufzugschachts wie in einem blutroten, unglaublich dreckigen Planschbecken.

Das lag nicht daran, dass an dieser Baustelle besonders unordentlich gearbeitet worden wäre, sondern daran, dass Baustellen generell furchtbar unaufgeräumt sind. In dem weinroten Wasser trieben Plastikteile, Zigarettenschachteln, Fetzen von Dichtungswolle, aber auch die gebrauchten Einmalhandschuhe des Notarztes. Auf dem

Absatz vor dem Becken war ein weiterer roter Fleck – dort hatte man den Toten abgelegt, nachdem er herausgeholt worden war. Wir hatten gerade unsere Overalls und die doppelten Handschuhschicht angezogen, als mein Handy klingelte. Unser Kontaktmann vom Kriseninterventionsteam war dran.

Wir verdankten ihm den Auftrag: Die Baufirma hatte nach einem externen Reinigungstrupp gefragt, weil man diese Arbeit der portugiesischen Baumannschaft nicht zumuten wollte. Sie stammten alle aus einem Dorf, größtenteils sogar aus einer Familie, und auch wenn Bauarbeiter keine Sensibelchen sind, wäre es unverantwortlich gewesen, sie den Schlamassel beseitigen zu lassen. Andererseits verdankten wir der besonderen Zusammensetzung der Bautruppe nun auch den morgendlichen Anruf. Wir erfuhren, dass eine Trauerfeier an der Baustelle angesetzt worden war, mit Pfarrer, Angehörigen, mit allem, was dazugehört – und zwar in nur drei Stunden. Ich versprach, dass wir bis dahin fertig sein würden.

Als Erstes desinfizierten wir mit Kohrsolin den Betonabsatz mit dem Blutfleck. Wenn die Trauerfeier hier stattfinden sollte, hatte der Absatz definitiv Vorrang. Nachdem das Unglück noch nicht lange zurücklag, war auch die Reinigung nicht so problematisch. Wir setzten dreimal Chlorbleichlauge ein, schrubbten kräftig, dann war der Fleck weg. Das war ein guter Anfang, ich hatte mir das Ganze mühsamer vorgestellt.

Jetzt mussten wir nur noch das Becken leeren. Dazu deckten wir zunächst den frisch geputzten Betonsockel mit Plastikfolie ab. Man will die Arbeit ja nicht doppelt machen. Leider konnten wir die Tauchpumpe nicht nutzen.

Die Tauchpumpe ist eine praktische Sache. Man versenkt sie im Wasser, legt den Auslassschlauch in einen Auffangbehälter, wirft den Sauger an und kann in der Zwischenzeit andere Dinge reinigen. Ärgerlicherweise sind die Tauchpumpen empfindlich gegen Verstopfung durch Kleinteile. Also mussten wir den Elektrosauger nehmen. Vor etwa zwei Jahren hatte ich ihn mir bereits angeschafft, aber ihn noch nie benötigt – dies sollte tatsächlich sein erster Einsatz werden. Die Sache hatte nur zwei Nachteile: Erstens mussten wir mit dem Schlauch das Wasser an der Oberfläche von Hand einsaugen, das bedeutete, dass immer einer mit dem Schlauch beschäftigt sein würde. Und zweitens konnte man den E-Sauger nicht als Pumpe verwenden. Was immer er aufsaugte, pumpte er in seinen 30-Liter-Tank und sonst nirgendwohin. Was wiederum bedeutete, dass wir alle 30 Liter den Sauger abschalten und nach oben zu den 120-Liter-Plastikfässern würden tragen müssen, die ich mir von einer Recyclingfirma dorthin hatte liefern lassen. Und auch dann führte kein Weg daran vorbei, dass einer von uns in die Brühe steigen und das Wasser nach großen Gegenständen absuchen musste. Die Latexhandschuhe mussten entfernt werden und so ziemlich alles andere, was den Sauger verstopfen konnte. Klaus bediente den Saugschlauch. Und ich holte mir die Gummistiefel und stieg in die Wanne.

Ich zog erst einige Armiereisen aus dem Wasser, dann Holzbrettchen, Zigarettenschachteln und vollgesaugtes Dämmmaterial. Ich füllte alles in eine Tüte. Bei Klaus lief langsam der Tank voll. Ich stieg aus dem Wasser, spritzte meine Gummistiefel ab und schleppte mit ihm den Sauger hoch ins Erdgeschoss. Dann gingen wir wieder runter, er an den Schlauch, ich in die Blutsuppe.

Je näher ich der Aufschlagstelle kam, desto vorsichtiger wurde ich. Ich nahm dann nicht mehr die Hand, sondern ein Schäufelchen, ziemlich ähnlich den Schäufelchen, mit denen man Katzenklos nach Häufchen durchsucht. Ich fand Stücke vom Kiefer, einzelne Zähne, Klumpen mit Hirnmasse. Und ich fand erstaunlicherweise immer wieder Blutklumpen. Ich hatte angenommen, das Blut würde sich gleichmäßig im Wasser auflösen, aber es hatte offenbar auch immer wieder quallengroße Klumpen gebildet. Jedes Mal, wenn man das Gefühl hatte, die Brühe wurde klarer, stieß man an einen gallertartigen Klumpen, der bei Berührung sofort aufriss und eine noch intensivere rote Wolke verbreitete. Das war einigermaßen überraschend. Und vermutlich dauerte es auch deshalb einige Zeit, bis wir merkten, dass das Wasser nicht weniger wurde.

Im Grunde war das Ganze eine schlichte Sache des Kopfrechnens. Ich hatte wegen der Größe des Beckens und seiner Tiefe geschätzt, dass fünf 120-Liter-Fässer nötig sein würden. Jetzt hatten wir das fünfte zu füllen begonnen, aber das Becken war längst nicht leer, und es ging deutlich auf elf Uhr zu. Um 20 Minuten vor elf kapitulierten wir, es wurden ja bereits Gestecke für die Trauerfeier gebracht. Also gingen wir zum Wagen, holten schwarze Abdeckplane und klebten das Becken blickdicht ab. Aber die Wassermenge blieb unbegreiflich. Wenn der Wasserspiegel bis dahin um fünf Zentimeter gesunken war, war es viel. Wir verzogen uns kopfschüttelnd und möglichst unauffällig. Es musste ja nicht sein, dass die Angehörigen auch noch irgendwelche Desinfektionsmenschen in weißen Anzügen erblicken mussten.

Eine Dreiviertelstunde später gehörte der Fundort wieder uns. Wir entfernten die Plane, Klaus hängte den Schlauch wieder ein, da sah ich es. Knapp über der Wasseroberfläche war ein schmales, schwarzes Rechteck. Ich stieg ins Becken, watete hin und betastete die Öffnung. Es war das obere Ende eines Schachts in der Wand. Das Ende konnte ich nicht erfühlen. Aber klar war, dass auch hier das Wasser stand. Möglicherweise führte der Schacht in einen Nebenraum.

Klaus stellte den Sauger ab. Ich stieg aus dem Becken. Und dann suchten wir das Kellergeschoss ab. Einen direkten Nebenraum gab es nicht. Es gab leere Kellerräume und einen Heizungskeller, in dem schon die Kessel standen. Keine Spur von Wasser, keine Spur von Blut. Eher aus Ratlosigkeit ging ich an den Kesseln vorbei und entdeckte, dass man hinter ihnen abbiegen konnte zu einem kleinen Durchlass, der in einen finsteren Raum führte. Wir holten uns aus dem Auto zwei Taschenlampen und kehrten zurück. Was wir sahen, war ein zweiter Raum mit einem Sockelbecken. Hier sollte vermutlich der Motor des Aufzugs stehen. Statt des Motors schwappte im Sockelbecken dieselbe blutige Brühe wie auf der anderen Seite der Wand, mit dem anderen Becken verbunden durch den Schacht, den ich vor fünf Minuten ertastet hatte. Das erklärte die wundersame Blutvermehrung.

Letzten Endes half es nichts. Wir mussten weiterpumpen, es würde eben länger dauern. Und es lief ja auch nicht alles schief: Wir konnten jetzt schon erkennen, dass die rote Flüssigkeit nicht zu tief eingedrungen war. Der Boden des Beckens war weich, voll Zementschlamm, und diese schlammige Schicht schützte den Beton darunter. Es war nur umständlich für die Reinigung. Sobald das Wasser weniger wurde, konnte man mit dem Schlauch nicht mehr weiterarbeiten, weil man damit den ganzen Schlamm eingesaugt hätte. Also schaufelte ich kleine Vertiefungen, in denen sich das Wasser sammeln konnte, und zwischen den Vertiefungen grub ich kleine Kanäle wie ein Kind am Strand. Klaus schlürfte mit dem Schlauch die Pfützen leer. Was übrig blieb, waren zwei Betonwannen mit einem rötlichen Matschboden.

Der ließ sich dann mit einer Schaufel entfernen. Wir stellten dabei erleichtert fest, dass keine tieferen Ausschachtungen nötig waren: Wir trugen fünf Zentimeter ab, die wir in Säcken sammelten, darunter war das Material nicht kontaminiert. Wir behandelten die unteren Wannenränder mit Chlorbleichlauge, sprühten den lehmigen Boden großzügig mit Kohrsolin ein. Das Material kam in den Sondermüll – und wir hatten Feierabend. Es war 19 Uhr, als wir uns erschöpft daranmachten, das Material zusammenzusammeln. Und es war etwa 19.03 Uhr, als ich feststellte, dass der Tag noch nicht zu Ende war.

Es gibt wenig dreckigere Einsatzorte als Baustellen. Eine feine, zähe Schicht mit verklebtem Zementstaub lag über jedem Gerät, jedem Schraubenzieher, über je-

121

der Kiste, über allem, was auch nur in Sichtweite der Einsatzstelle gekommen war.

Also setzten wir uns zu Hause hin und polierten die Geräte.

Drei Stunden lang.

13. Mahlzeit

Essen gehen nach getaner Arbeit ist für mich wichtig. Das ist eine Art ritueller Abschluss, dass man den Fall auch richtig verdaut, sozusagen. Wir gehen in ein Restaurant und essen, alle Mann, die dabei waren. Angesichts meiner Erfahrungen mit Restaurants als Schädlingsbekämpfer kann einen das schon mal wundern. Aber ich habe mich damit abgefunden: Man kann es einem Lokal nicht ansehen, ob es Schaben hat. Man könnte, wenn man in die Küche geht, aber ich kann und darf ja auch nicht überall in die Küche. Bei unserem Stammgriechen übernehme ich selbst die regelmäßige Überwachung, manchmal nimmt er mich auch für einen Ouzo mit in die Küche, da weiß ich, dass alles in Ordnung ist, aber bei jedem anderen Lokal kann ich für nichts garantieren. Ich habe Filialen namhafter Coffeeshops gesehen, wo mir alles im Halse stecken blieb; auch wenn ich kein Ungeziefer sah, reichte mir der Blick auf die völlig verkrusteten Sahnebehälter und Sirupflaschen und in die Schubladen, die seit Eröffnung des Ladens noch kein einziges Mal ausgewischt worden sind, weil dazu den 400-Euro-Mini-Jobbern die Zeit fehlt und auch keiner drauf achtet, und in mancher Fast-Food-Filiale sieht das nicht anders aus. Letzten Endes verträgt der Mensch erstaunlich viel, wenn ich Hunger habe, gehe ich also Essen und denke möglichst wenig an die Küche. So ganz abschalten kann ich trotzdem nicht immer, am wenigsten bei Asiaten.

Ich mag ja eigentlich nicht verallgemeinern, aber während meiner Tätigkeit als Schädlingsbekämpfer ist mir eines aufgefallen: In chinesischen und thailändischen Lokalen sowie in indischen und all den anderen fernöstlichen Restaurants sind Schaben nie einzeln unterwegs. Ich weiß nicht, warum. Also, rein theoretisch müssten die Schaben auch bei denen mal einzeln auftauchen. Sie erscheinen anfangs immer einzeln, und das ist auch ganz normal: Gastronomie hat ja mit Lebensmitteln zu tun, und wenn man im richtig großen Umfang mit Lebensmitteln arbeitet, fängt man sich automatisch irgendwann Schaben ein. Da ist niemand schuld oder schlampig oder sonst was, da kann man der Feinkost-Guru sein oder der Delikatessen-Tempel oder das Fünf-Sterne-Hotel oder 'ne Grillbude, das ist da völlig egal. Weil man natürlich für sein Haus alles garantieren und überwachen kann, aber bei den Lieferanten halt nicht. Der Unterschied zwischen gut und schlecht geführten Häusern ist: Die guten machen ein Monitoring.

Monitoring ist im Prinzip nichts anderes ein Klebestreifen mit einem Lockstoff. Die gibt's für Motten oder Fliegen oder eben auch für Schaben. Und wenn ein großes Restaurant in der Woche eine oder zwei Schaben findet, ist das in Ordnung. Die kommen mit den Essensverpackungen, wuseln dann raus, und wenn man sie erwischt hat, ist allen gedient, mit Ausnahme der Schabe natürlich. Da ist kein Großalarm nötig, die einzelne Schabe könnte ein Schädlingsbekämpfer auch gar nicht fangen, sie kommt schließlich vom Lieferanten. Sobald es allerdings mehr als diese ein, zwei Schaben werden, rufen seriöse Lokale Leute wie mich. Wir behandeln dann das Restaurant und der Besitzer hat wieder ein halbes Jahr lang Ruhe. Die meisten großen Restaurants machen übrigens das Monitoring nicht selbst, sondern geben es an eine Schädlingsbekämpfungsfirma ab, die checkt das dann, sozusagen im Abonnement. Bei asiatischen Lokalen scheint das irgendwie anders zu sein.

Ihre Betreiber rufen schon auch an und sagen: »Wir haben Schabenbefall.« Aber in der großen Mehrzahl der Fälle melden sie sich nicht, weil der Koch oder ein Kellner eine Schabe gesehen hat, sondern ein Gast. Dementsprechend lange sind die Viecher dort auch schon zugange, und wenn ich dann eintreffe und mal einen Kühlschrank aus der Gerätezeile nach vorne ziehe – wie soll ich sagen? –, dann lebt dahinter die Wand.

Erst kürzlich wieder. Ein Anruf von einem Thailänder, er hätte Schaben, und wir möchten sofort kommen. Er sagte mir in etwa die Quadratmeterzahl seines Restaurants, ich nannte ihm einen Preis von 600 Euro, dann machten wir uns auf den Weg. Natürlich nachts. Denn erstens will keiner, dass die Kundschaft den Schädlingsbekämpfer vor seiner Tür stehen sieht. Und zweitens ist es wirtschaftlicher, wenn man tagsüber mit den Gästen Geld verdient und nachts, wenn der Laden ohnehin leer ist, die Wirtschaft saniert. Allerdings hatte sich der Wirt in dem Fall gründlich verschätzt.

Die von ihm angegebene Quadratmeterzahl war zwar korrekt, musste aber verdoppelt werden, weil er nur sein Lokal einberechnet hatte, nicht aber die Lagerräume. Und zweitens war die Küche nicht das Hauptproblem. Es war zwar der übliche Anblick, wir zogen einen Küchenschrank nach vorne und begrüßten die ungebetenen schwarzen Partygäste dahinter an der Wand. Aber die waren auch noch ganz woanders unterwegs. In diesem Lokal gab es eines von diesen schicken Laufbändern, mit denen man das Essen durch den Gastraum schickt. Auf dem Laufband waren immer wieder Schaben unterwegs wie Touristen auf dem Münchner Flughafen. Und unter dem Laufband noch viel mehr. Logisch, das war für die Schaben ja eine Superwohngegend.

Schaben mögen es gerne eng. Das finden sie urgemütlich, wahrscheinlich auch besonders sicher, weil ihre natürlichen Feinde wie Ratten, Schlangen oder Vögel nicht hinter den Kühlschrank passen. Dann schätzen sie die Nähe zu Nahrungsmitteln, außerdem haben sie es gerne feucht. Kühlschränke und Kühlleitungen sind als Aufenthaltsort sehr beliebt, weil wegen des Kühlvorgangs mit dem Kondenswasser immer was Feuchtes zur Verfügung steht. Und so ein Laufband, auf dem man Sushi zu seinen Gästen rattern lässt, ist ja nichts anderes als ein großer Kühlschrank, anders könnte man das mit dem frischen Fisch auch gar nicht machen.

Das mit der größeren Fläche war eine Sache, aber das Laufband eine ganz andere. Das hätten wir mit dem ursprünglichen Preis niemals wirtschaftlich machen können. So etwas muss man komplett zerlegen, behandeln, zusammenbauen, das dauert. Und nachts arbeiten ist zwar fürs Image eines Lokals gut, aber kostet auch extra. Unsere Berechnung wuchs auf das Dreifache, und das war ihm dann zu teuer. Also dampften wir wieder ab.

Sie finden immer einen, der es billiger macht. Die Frage ist: Wo spart der? Vermutlich an der Zeit, an der Gründlichkeit oder auch gerne mal am Material, sprich: am Insektizid. Es ist gut möglich, mit billigeren Stoffen dasselbe Ergebnis wie mit teureren zu erzielen. Fraglich ist, ob das billigere Insektizid dann auch fürs Lokal zugelassen ist. Da gibt's schon einige sehr günstige Hämmer, aber die darf man halt nur außen verwenden, und zwar völlig zu Recht! Das sagt einem der Kollege wahrscheinlich nicht, aber da muss man als Kunde auch mal den eigenen Kopf benutzen und mitdenken. Wenn einer zu weit mit dem Preis unten liegt, dann hat er entweder eine unglaublich karitative Ader oder einen überraschenden Vorrat an fragwürdigen ukrainischen Insektizidrestbeständen aus der Vorkriegszeit.

Unseren Thailänder habe ich natürlich dem Ordnungsamt gemeldet. Nicht weil ich so eine Petze bin, sondern weil ich das muss. Schaben sind kein Spaß, sie sind gesundheitsschädlich, weil sie alles, was sie futtern, zum Teil wieder erbrechen, durch diese Schabenkotze laufen und sie überall hinschleppen. Wenn meine Kollegen oder ich von Ratten, Mäusen oder Schaben in Restaurants erfahren, sind wir gesetzlich zur Meldung verpflichtet, weil die Behörden wissen müssen, wie die Lage in ihrem Bezirk ist.

Aber ich gebe zu: Gewollt habe ich es schon auch. Ich finde, wenn Leute für ihr Essen Geld zahlen, dann sollen sie auch ein Essen kriegen, über das keine Schaben stiefeln.

Ich gehe nach wie vor gerne essen, und übrigens auch chinesisch, thailändisch, asiatisch. Da schalte ich dann –

wie bei allen Lokalen, die ich nicht kenne – mein Gehirn ab. Man muss sich klarmachen, dass man nicht alles kontrollieren kann und dass auch nicht alle asiatischen Lokale verschabte Giftküchen sind.

14. Über-Flüssig

Blut ist dicker als Wasser, heißt es immer. Ich kann jedoch bestätigen: Das ist nur eine Redensart. Blut muss dünner sein als Wasser, und ich muss es wissen. Ich habe einen ganzen Lastwagen voll davon weggewischt.

Der Geschäftsführer einer großen deutschen Supermarktkette rief uns an. Er hatte unsere Homepage im Internet gefunden. Auf einem Parkplatz an der Autobahn nach Garmisch stand ein Lkw. Der Fahrer hatte sich darin vor zwei Tagen, an einem Sonntagabend gegen 22 Uhr, die Pulsadern geöffnet. Ob wir den Wagen wieder benutzbar machen könnten? Allerdings gäbe es eine Schwierigkeit: Vor Ort stünde kein Strom- und kein Wasseranschluss zur Verfügung. Ich überlegte kurz, vereinbarte ein Honorar auf Stundenbasis und sagte zu. Dann füllte ich 60 Liter Wasser in Kanister ab, lud sie in den Wagen, sammelte Klaus auf und wir machten uns auf den Weg.

Der Lkw stand auf keinem Autobahnparkplatz, sondern hinter einer Außenstelle der Autobahnmeisterei. Wasser war tatsächlich nicht vorhanden, weil die Außenstelle nicht besetzt war. Von außen konnte man nicht viel erkennen. Ein weißer Lastwagen, hinten auf dem Laderaum stand groß das Firmenlogo. Und an den Stufen, die zur Fahrertür hochführten, waren einige Blutflecke. Sonst sah der Wagen ganz normal aus. Wir bereiteten alles vor, holten unsere drei Materialkisten und stiegen in unsere Overalls. Wir verklebten die Übergänge zwischen Overall und Handschuh, dann ging ich zum Führerhaus hoch und öffnete die Tür. Drinnen sah es aus wie in einem Schlachthaus.

In den kleinen karoförmigen Gummiabteilen der Fußmatte am Boden stand das Blut. Der Fahrersitz war voll davon und die Armaturen ebenfalls, die Gangschaltung und der Beifahrersitz. Von der Menge her hatte der Fahrer sich nach den Schnitten offenbar zunächst zurückgelehnt und das Blut fließen lassen. Er dürfte dann wohl bewusstlos geworden sein, oder: Er war es hoffentlich. Ich weiß ja auch nicht genau, was man sich als Selbstmörder erhofft, der Todeskampf dürfte jedenfalls nicht zu den erstrebenswertesten Momenten gehören. Fest steht, dass der Körper zu zucken begonnen haben muss.

Denn daher stammten die Spritzer in Fensterhöhe und an der Rückwand der Kabine. Dann war er nach rechts gekippt, mit dem Arm voraus, und musste auf den Beifahrersitz gefallen sein, denn dorthin in den Fußraum war dann das Blut aus dem anderen Arm getropft. Auf die Fußmatte ebenfalls, wo sich das Blut in den kleinen Karoabteilen gesammelt hatte. Da stand es noch immer, je nach Menge tiefrot wie am ersten Tag. Es war kein Wunder, dass die Beamten, die ihn gefunden hatten, zuerst von einem Gewaltverbrechen ausgingen, da es so entsetzlich aussah, aber vielleicht war das ja auch der Sinn der Sache.

Selbstmörder setzen gerne Zeichen. Bei einer Wohnungsöffnung mit der Feuerwehr haben wir einmal einen Selbstmörder entdeckt, der sich über dem Ehebett erhängt hatte. In diesem Bett hatte ihn seine Frau mit seinem besten Freund betrogen. Abgesehen davon, dass er das für einen Grund hielt, sich umzubringen, war hier klar, dass er seiner Frau eine Botschaft mitgeben wollte: »Hier hast du mich betrogen, hier hänge ich mich auf. Das hast du nun davon.« Eine etwas kindische Argumentation, wenn man mich fragt. Aber zu Selbstmorden gehört oft eine gewisse Inszenierung. Schon die Tatsache, dass jemand einen Abschiedsbrief schreibt, zeigt ja, dass er nicht nur an seinen Abschied, sondern auch daran denkt, wie und wo er gefunden wird und was sich dann die Menschen fragen werden oder auch sollen. Selbstmordgefährdete machen sich darüber oft lange Gedanken. Und wenn sie die Lösung gefunden haben, sind sie glücklich, als fiele ihnen eine unglaubliche Last von den Schultern.

Das liest sich jetzt zynisch, aber man kann es selbst anhand der Reaktionen auf Selbstmorde nachvollziehen. Einer der meistgehörten Sätze ist: »Selbstmord? Unmöglich! Er hat doch noch letzte Woche ein Auto gekauft.« Oder eine neue Schrankwand oder eine sündteure Golfausrüstung. Das interpretieren die Menschen dann als ein Zeichen des Lebenswillens und der ungebrochenen Lebensfreude. Es ist aber das genaue Gegenteil: Es ist der Flash der Erleichterung. Wochen, Monate, Jahre hat der Selbstmörder gegrübelt, wie er sich am besten umbringt. Und sobald er seinen Weg gefunden hat, geht's ihm gut, so gut, dass er aufspringt und sich einen Sportwagen kauft. Vor lauter Freude darüber, dass er jetzt weiß, wie er sterben wird. Und die Methode kann dabei noch so abstrus sein. Wir haben einmal einen Mann gefunden, der hat sich erhängt und erschossen.

Das klingt wie ein schlechter Witz, aber diese Geschichte ist wirklich passiert. Der Selbstmörder hat sicherheitshalber ein Video von seiner Selbsttötung angefertigt, damit niemand wegen Mordes gesucht wird. Die Polizei, die die Wohnung mit uns geöffnet hat, hat sich natürlich das Filmchen sofort angesehen. Es war wirklich Selbstmord, wie ich bestätigen kann.

Auch bei unserem Lastwagenfahrer haben sie zu Hause einen Abschiedsbrief gefunden. Damit war der Fall erledigt, der Mann wurde abtransportiert und hier standen wir nun, Klaus und ich.

Wir haben zuerst Folien ausgelegt und dann ausgebaut, was nicht zu retten war. Die Fußmatten, den gesamten Bodenbelag im Innenraum. Nicht zu retten und nicht zu retten ist übrigens nicht immer dasselbe. Die vollgesaugten Teppichböden waren definitiv nicht mehr zu retten im Sinne von: hinüber. Die Fußmatten aus Gummi hingegen hätte man wohl wieder hinbekommen können. Aber wenn man den Zeitaufwand hochrechnet – für den Stundenlohn eines Tatortreinigers kann man sich einen wirklich hohen Stapel neuer Fußmatten kaufen, also schmeißt man sie weg. Das gehört dann auch zu unserem Job, dass wir hier keine Arbeitszeit schinden und die Kosten erhöhen, sondern für den Kunden mitdenken. Der Sitzbezug des Fahrer- und Beifahrersitzes flog ebenfalls raus und der Schaumstoff darunter auch, denn alles war so vollgesogen mit Blut, dass man es hätte auswringen können. Das Führerhaus war nun im Fußraum komplett ausgeweidet, wir standen vor dem weiß lackierten Stahlboden. Und wir stellten fest, dass wir die falschen Overalls dabeihatten.

Unsere Standardoveralls sind weiß, wie der, den ich auf dem Umschlagfoto anhabe. Tadellose Overalls aus einem leichten, aber dichten Stoff – aber eben nur einem relativ dichten Stoff. Das ist nicht die Schuld der Firma, das ist üblich: Kein Stoff ist wirklich dicht. Dichtigkeit bedeutet nur, dass der jeweilige Stoff einen bestimmten Wasserdruck aushält. Ein Stoff ist dicht, wenn man eine Plastikröhre daraufstellt, diese mit Wasser füllt und bei einem Wasserstand von zwei Metern unten nichts durchtropft. Aber je nach Stoffart presst der Druck ab einer bestimmten Füllhöhe natürlich trotzdem Wasser durch. Wir stellten beim Wischen fest: Das gilt nicht nur für Wasser. Wenn wir mit unseren Overalls an einem frischen Blutfleck entlangstreiften, passierte natürlich nichts. Aber wenn wir mit einem Bein in einer Blutpfütze knieten und uns dann vielleicht auch noch auf dieses Knie stützten, dann wurde es rund um die Kniescheibe plötzlich nassfeucht. So, als ob man im Regen festgestellt hätte, dass jetzt der Moment gekommen ist, in dem die Jacke durchweicht. Und in solchen Momenten braucht man eine gewisse Nervenstärke oder Gleichmütigkeit.

Wir ziehen uns ja deshalb sorgfältig an, damit wir in unseren Anzügen geschützt sind. Wir benötigen dieses Wissen, unverwundbar gegen Schmutz zu sein, als Puffer gegen den eigenen Ekel. Und die Erkenntnis, dass dieser undurchdringliche Schutzpanzer am Knie durchweicht und Blut in die Hose sickert, ist dann doch ziemlich beunruhigend. Gut, wir hatten den Wagen natürlich vorher desinfiziert. Aber trotzdem. Ich sagte Klaus, er solle draußen bleiben. Und dann begannen wir von außen das Wageninnere oberflächlich aufzuwischen.

Wir hatten große Rollen Einwegpapier für den medizinischen Bereich dabei, das saugt mehr und ist stabiler als herkömmliche Küchentücher. Und dabei stellte ich fest: Blut, halb getrocknet, ist wirklich ein ekliger Glibber, ein Schlaatz, wie man bei uns sagt, mit ganz langem »a«, ein Zwischending aus Schleim und Baatz. So etwas wie ganz weicher Wackelpudding, nur haftet es deutlich besser. Je nach Trocknungsgrad ist Blut auch wie Teer. Ein furchtbares Zeug. Wir wischten die Fußräume aus, damit wir das Führerhaus überhaupt betreten konnten. Sobald ich reinkonnte, fing ich nach dem guten alten Prinzip der Treppenreinigung an: Man putzt von oben nach unten.

Der Tote hatte gründlich über die Armaturen geblutet, die Fenster, die Schalter, auch über sein elektronisches Abrechnungsgerät. Ich wischte alles ab, aber mir war klar, dass Blut auch in die Schalterritzen gelaufen war und an den Fenstern in die Knöpfe der elektrischen Fensterheber, über die Displays, in den Ganghebel, in die Ablagen der Türverkleidung und die Ablagefächer zwischen den Fahrersitzen. Also schraubte ich die Armaturenbretter ab.

Da kann man natürlich auch mal wieder sehen, wie sinnvoll es ist, dass Feuerwehrleute vorher eine Handwerkerausbildung machen müssen. Jedenfalls war ich nach meiner Kfz-Mechaniker-Lehre in der Lage, Autotüren und Armaturen zu zerlegen und war nicht überrascht, wie's drinnen aussah. Dicke Kabelstränge aus Dutzenden kleiner Leitungen. Das Blut hatte keine Probleme gehabt, hierher durchzudringen. Ich wischte und wienerte wie ein Weltmeister.

Außen stand Klaus und bekam die Armaturenteile. Manchmal ist der Mann nicht mit Geld aufzuwiegen. Er hatte den Geistesblitz gehabt, einen Dampfreiniger einzupacken. Das Ding war einfach ideal, um das Lenkrad zu reinigen, die Plastikteile, Türgriffe, den Gangschaltungshebel, Bremsknöpfe und Tasten. Allmählich drangen wir zu den elektrisch verstellbaren Sitzen vor. Und hier endeten langsam meine Kfz-Kenntnisse. Lkw-Sitze sind eine Wissenschaft für sich, das sind hochkomplizierte Arbeitsplätze und keine Drahtgestelle wie beim alten Fiat Panda. Aber dafür hatten wir eine Standleitung zur Herstellerfirma.

Dort saß ein Mechaniker nur für uns am Telefon und lotste uns durch die kniffligen Montageeinheiten. Solche Sitze werden ja als Einheit montiert, am Fließband, von Leuten, die meistens auch noch Spezialwerkzeug für den Sitz haben. Reinigen muss man da normalerweise nicht viel, sie sind unten verkleidet, da reicht Staubsaugen. Allerdings nicht, wenn jemand beschließt, sie mit seinem Blut zu imprägnieren.

Wir lockerten mühsam die Sitze und ich bürstete verkrampft weiter. Mir tat alles weh. Ständig kniete ich auf Orten und Gegenständen, die nicht zum Darauf-Knien gemacht worden sind. Ich schrubbte in einer völlig verkrampften und verwinkelten Haltung, weil ich keinen Platz zum Stehen hatte, und falls ich mich hinsetzte, kam ich nicht an die Stellen, die ich reinigen musste. Es war zum Wahnsinnigwerden. Obendrein musste ich sehr vorsichtig sein, damit mir beim Wischen kein Blutstropfen im falschen Moment auf die falsche Stelle fällt, denn dann durfte ich wieder von vorne anfangen.

Etwa zu diesem Zeitpunkt stellte ich fest, dass meine Arbeit mich richtig anwiderte. Es war nicht das erste Mal, dass ich Blut wegwischte, keine Frage. Aber zwei Faktoren machten die Arbeit langsam wirklich furchtbar. Der eine war das ständige Blut. Wenn wir normalerweise stundenlang arbeiten, haben wir in dieser Phase meist schon das Schlimmste hinter uns. Aber hier hörten und hörten die Blutfunde nicht auf, und ich merkte, dass ich den Anblick von Blut nicht unbegrenzt ertrage. Der andere Punkt war die fehlende Distanz. In einer Wohnung hat man den Schrubber zwischen sich und der Wand oder dem Boden, man bückt sich und hat immer noch eine Armlänge Abstand zu dem kontaminierten Material. Aber hier, in diesem engen Führerstand mit seinen vielen Ritzen, schrubbte ich die ganze Zeit nur Zentimeter vom Blut entfernt. Ich konnte wortwörtlich keinen Abstand gewinnen. Es war einfach ekelhaft.

Inzwischen hatte ich schon die Türverkleidungen innen entfernt. Und die Schutzfolie ebenfalls. In diesem Moment war mir klar, dass Blut nicht dicker als Wasser sein kann. Es war sogar an den Fensterscheiben innen in die Tür gelaufen. Obwohl die Scheiben wie alle Autofensterscheiben unten Gummidichtungen hatten. Wasser wäre hier abgeperlt. Das Blut von unserem Selbstmörder nicht. Ich hätte schreien können. Warum konnte der Idiot sich nicht außen umbringen? Doch am schlimmsten war der Hohlraum unter dem Fahrersitz.

Dorthin was das Blut durch den Sitz gesickert. Er war nur durch ein winziges Lüftungsloch in Wadenhöhe zugänglich, in das ich nicht einmal meine Hand stecken konnte. Die Heizluft sollte dort zirkulieren. Ich hatte schon gehofft, es wäre nichts eingedrungen, aber wir haben dann mit einer kleinen Kamera reingesehen – es war natürlich voll Blut. Also wischte ich und holte raus, was möglich war. Teilweise auf dem Sitzrest kniend, teilweise von der Fahrertreppe aus, teilweise vom Fußraum aus.

Als wir den Wagen wieder zusammenbauten, waren wir richtig stolz. Die Flächen, die Schweißnähte, an die das schwarze Blut hingetrocknet war, die fiesen Winkel, wir hatten alles erledigt. Man musste schon mit der Lupe hinsehen, um die minimalen Reste zu finden. Mehr war hier einfach nicht drin. Auf den ersten Blick sah der Laster sogar beinahe aus wie neu. Einsatzfähig. Außen standen die dicken Tüten mit dem Sondermüll. Der Job war beinahe erledigt. Jetzt mussten wir nur noch den Lkw überführen.

Ich kletterte auf den notdürftig mit Plastikfolie bezogenen Sitz und ließ den Wagen an. Er brummelte zufrieden los. Klaus nahm seinen Wagen, damit er mich nachher wieder zu meinem Auto auf dem Parkplatz zurückbringen konnte. Und wir fuhren los. Es war einfach zu perfekt. Das Geräusch beim ersten Bremsen verriet es.

Wir hatten den Hohlraum unter dem Sitz nicht leer bekommen. Und der Hohlraum hatte noch weitere Ausgänge, direkt auf Höhe des Bodenblechs. Bei jedem Bremsmanöver schwappte weiteres Blut von hinten direkt unter meine Füße. Ich sah fassungslos zwischen meinen Beinen nach unten. Ich hielt an, fuhr wieder zurück zum Standplatz. Und wir begannen im Fußraum von neuem. Dieses Spiel haben wir ein paarmal wiederholen müssen.

Mit viel Papier und Pfriemelei haben wir den Lastwagen dann endgültig trockengelegt. Um acht Uhr morgens hatten wir mit der Arbeit angefangen. Es war jetzt halb neun Uhr abends und wir waren wie tot, absolut erledigt.

Es war die einzige Tatortreinigung, nach der wir nicht einmal mehr in der Lage waren, gemeinsam essen zu gehen.

15. Helfen und helfen lassen

Es sieht vielleicht so aus, als würden wir immer dort eingreifen, wo der Tod Formen annimmt, mit denen sich niemand mehr befassen möchte. Weil es zu ekelhaft ist und die Menschen ihre Augen und Nasen davor verschließen möchten. Und meistens ist das auch so. Aber nicht immer. Es kommt vor, dass Angehörige helfen. Und das gehört zu den erschütterndsten Momenten, die man in meinem Beruf erleben kann.

Wir waren zu einer Wohnung gerufen worden, in der eine Frau gestorben war. Frühmorgens um fünf. Ein Mann hatte mich angerufen, ich nahm erst an, dass es sich bei der Toten wohl um seine Mutter gehandelt hatte. Doch als ich in dem Mietshaus ankam, öffnete mir ein altes Ehepaar. Ordentliche normale Leute, in einer ordentlichen normalen Wohnung. Eigentlich hätte man denken können, man hätte sich in der Tür geirrt, wenn der Flur nicht ausgesehen hätte, wie er aussah: die Wände, der Boden – überall Blutspritzer.

Sie beiden führten mich ins Schlafzimmer, während ich noch grübelte, wer denn nun eigentlich gestorben war. Ich sah mich im Raum um. Das Blutbad aus dem Flur setzte sich hier fort. Mein Blick glitt über Wände, Decke, Boden, Möbel. Über das Bett, vor dem eine riesige Blutlache glänzte. Und auf dem eine tote Person lag. Ich wollte nicht zu genau hingaffen, und was ich gesehen hatte, genügte ja auch für die Kalkulation, also drehte ich mich um und nahm die beiden mit hinaus. Wir setzten uns an den Esstisch. Es würde noch dauern, bis mein Kollege eintraf, wir hatten reichlich Zeit. Also fragte ich die alte Dame, was denn überhaupt passiert war.

Die Tote im Bett, erzählte sie mir, war ihre Tochter. Sie war 50 Jahre alt und hatte Krebs, Kieferkrebs, oder jedenfalls eine Form von Krebs, die den Kiefer befällt. Als ob sie nicht schon genug Pech in ihrem Leben gehabt hätte.

Elf Jahre zuvor war ihr Mann an einem Herzinfarkt gestorben. Die beiden hatten sich eine Eigentumswohnung gekauft, waren entsprechend verschuldet – und plötzlich starb der Mann mit 39. Die Tochter war allein mit den Kindern dagestanden. Sie hatte sie aufgezogen, sich einen neuen Job gesucht, eine neue Existenz aufgebaut, sie hatte die Wohnung allein abgezahlt, und gerade, als sie sich aus dem Schlamassel rausgearbeitet zu haben schien, war die Krebsdiagnose gekommen. Und dann hatte sie auch diesen Kampf aufgenommen.

Sie hatte sich Bestrahlungen unterzogen, einer Chemotherapie, eben allem, was dazugehört. Und die Therapie hatte gut angeschlagen. Die Metastasen waren allmählich verschwunden, erzählte mir die alte Dame, die Ärzte hatten ihrer Tochter bereits Hüftknochen entnommen, daraus einen neuen Kiefer gebastelt und ihn ihr eingesetzt, sie hatten Haut von der Körperseite in ihr Gesicht verpflanzt. Nur die Bestrahlungen sollten jetzt noch eine Weile fortgesetzt werden, was eigentlich fast schon reine Routine geworden war. Wenn man die Diagnose Krebs bekommt, ist man anfangs oft geschockt, aber man gewöhnt sich daran, und wenn die Behandlung auch noch Wirkung zeigt, dann ist man wieder voll Hoffnung. Man kann den Krebs schließlich teilweise oder auch ganz besiegen, viele haben es schon geschafft, warum nicht auch diesmal? Das Ganze hatte nur einen Haken: Die Bestrahlungen waren enorm anstrengend.

Die Tochter hatte zuletzt nur noch 40 Kilo gewogen. Aber noch belastender waren die Bestrahlungen für die Blutgefäße. Und deswegen hatte die Tochter nach ihren Bestrahlungssitzungen auch immer bei ihren Eltern übernachtet. Weil sie gewusst hatte, wie strapaziert ihr Körper war, weil sie Angst gehabt hatte und nachts nicht allein sein wollte. Aber dann passierte es eben trotzdem. Es mag schon sein, dass man sich in der Wohnung der Eltern vielleicht sicherer fühlt als anderswo, aber in Wirklichkeit ist man es natürlich nicht. Nicht, wenn einem die Arterie am Hals platzt.

Die Blutung riss die Tochter aus dem Schlaf, sie hatte gemerkt, was passiert war, sie war aufgestanden und hatte verzweifelt nach ihrer Mutter gerufen. Sie war durch die Wohnung getaumelt und aus ihrer Halsschlagader spritzte das Blut in alle Himmelsrichtungen. Ihre Mutter wachte auf, kam zu ihr, sie versuchte die Blutung zu stoppen, sie hat Tücher auf die Wunde gepresst, aber diese Blutung hätte kein Mensch der Welt zum Stillstand gebracht, und selbst wenn sie es geschafft hätte, selbst wenn sie die Arterie mit irgendetwas hätte abklemmen können, was groß genug dafür gewesen wäre, dann wäre ihre Tochter nicht zu retten gewesen: Ohne Blut gibt es keinen Sauerstofftransport, und wenn der Blutverlust zu hoch ist und das Gehirn zu lange keinen Sauerstoff mehr bekommt, sind die Schäden einfach nicht wiedergutzumachen. Und so ist ihre Tochter in ihren Armen gestorben.

Die Mutter war fassungslos. Am Abend zuvor hatte sie noch ein krankes Kind gehabt, das sich auf dem Weg der Besserung befand. Jetzt war alles, was ihr geblieben war, eine Wohnung, die aussah wie der Hotelflur in »Shining«. Fünf Liter Blut sind in einem Menschen dieser Größe, aber manchmal könnte man schwören, es wären 50. Der Teppich vor dem Bett war voll wie ein Schwamm. Wenn man drauf trat, klang es wie eine Wiese nach 14 Tagen Dauerregen. Mein Kollege traf ein. Wir bauten unsere Ausrüstung auf. Wir bereiteten uns vor, stiegen in die Overalls. Spätestens zu diesem Zeitpunkt gehen die meisten Menschen aus dem Zimmer, aus der Wohnung, aus dem Weg. Doch das alte Ehepaar blieb an unserer Seite. Der Mann sah uns zu, die Mutter suchte regelrecht unsere Nähe.

Ich glaube, das lag daran, dass sie ihrer Tochter nicht hatte helfen können. Dabei hatte sie ihr doch ihr ganzes Leben lang geholfen. Sie hatte sie gewickelt, getröstet, sie bei den Hausaufgaben unterstützt, dann vielleicht bei der Wohnungseinrichtung, hatte auf die Enkel aufgepasst. Aber als die Tochter starb, zählte das alles nicht mehr. Es war für die Mutter, als hätte sie im entscheidenden Moment versagt. Ihre Tochter hatte sie gerufen und sie hatte sie nicht gerettet. In diesem Moment war es egal, ob die Tochter fünf war oder 15 oder 50. Also ließen wir sie mitmachen, wo es möglich war.

Wir haben die Wohnung erst einmal mit Kohrsolin desinfiziert, aus den normalen Hygienegründen, aber in diesem Fall auch wegen eines konkreten Anlasses. Eines der kleineren Probleme der Verstorbenen war gewesen, dass sie sich im Krankenhaus einen MRSA eingefangen hatte, einen dieser multiresistenten Krankenhauskeime, die vor allem Menschen, die von einer Chemotherapie geschwächt sind, zusätzliche Probleme bereiten und im Ernstfall auch zu tödlichen Lungenentzündungen führen können. Außerhalb des Körpers sind diese Viren nicht mehr ganz so zäh, insofern genügte hier die Standarddesinfektion. Dann machten wir uns an die Beseitigung des Blutes.

Wir wischten mit Eiweißreiniger das Blut von den Wänden, den Türen, den Türeinfassungen, was noch ziemlich einfach ging. Dann sammelten wir das Bettzeug ein und die Matratze. Das eigentliche Problem war allerdings in diesem Fall der Teppichboden. Ich hätte den Teppichboden ja sofort weggeschmissen, der war 20 Jahre alt, da kauft man halt einen neuen. Aber ältere Leute werfen so leicht nichts weg, aus Sparsamkeit oder aus Anhänglichkeit. Also haben wir den Teppich aufgerollt und Einwegtücher unter die Stellen mit den Flecken gelegt, dann haben wir den Teppich wieder drübergerollt und weitere Tücher auf die Flecken gelegt. Und diese Stellen haben wir mit DES 3000, dem Eiweißreiniger, praktisch getränkt. Die trockenen Tücher drüber und vor allem drunter sollten das Blut mit dem Eiweißreiniger sozusagen aus dem Teppich saugen. Nach einer kurzen Einwirkzeit haben wir dann mit den Tüchern gepresst und getupft und anschließend das Ergebnis überprüft.

Es hat tadellos funktioniert – das Mittel hat jedes Mal Blut aus dem Teppich gelöst. Aber es hörte nicht auf. Es wurde zwar immer weniger Blut, aber die Tücher waren nie ganz sauber. Immer wieder rollten wir den Teppich auf, brachten wir neue Tücher aus, rollten den Teppich wieder zurück, deckten ihn ab. Und jedes Mal reichte uns die alte Dame die Tücher, die sie von unserer großen Rolle abriss. Und wann immer wir verschmutzte Tücher wegschaffen mussten, neue Tücher brauchten, kleine Werkzeuge, Wasser, dann hat sich die Mutter darum gekümmert. Sie wollte dabei sein, sie wollte nicht nur danebenstehen und zusehen. Es waren schließlich die letzten Lebenszeichen ihrer Tochter, die wir da entfernten, und wenn die schon jemand entfernen musste, dann sollten das nicht nur Fremde sein. Das war alles, was sie noch für ihr Kind tun konnte.

Nach einer gefühlten Ewigkeit tupfte ich das letzte Mal auf den Teppich. Das Tuch blieb sauber, es war allenfalls etwas feucht wegen des Reinigers, aber sauber, oben und unten. Uns blieb nichts mehr zu tun. Die Möbel, das Bettzeug, die vielen Tüten mit dem belasteten Material und den Einwegtüchern haben wir dann Tüte für Tüte und Paket für Paket hinausgetragen. Die Wohnung befand sich im Erdgeschoss, es wäre natürlich einfacher gewesen, von dort aus alles durchs Fenster in die Transportmulde zu schmeißen. Aber in solchen Fällen kann man das nicht machen. Das schlägt dann auch keiner von uns vor. Man kann nicht vor den Augen der Angehörigen die Spuren ihres Kindes aus dem Fenster feuern wie Sperrmüll. Also haben wir alles von Hand und zu Fuß zur Mulde getragen. Und dann haben wir uns verabschiedet.

Dieser Fall hat mich lange beschäftigt, nicht nur wegen seiner Dramatik, sondern auch wegen seiner Umstände. Er hat sich praktisch in mein Hirn eingebrannt. Und als kürzlich wieder eine Notrufmeldung bei uns einging mit dem Vermerk »Starke Blutung nach Krebserkrankung«, ist bei mir ein Schalter eingerastet. Ich hatte sofort wieder diesen Fall vor Augen, die traurige, fassungslose Mutter, und ich glaube, als ich den Notarzt zum Einsatz fuhr, habe ich diesmal sämtliche Rekorde gebrochen. Das soll man nicht falsch verstehen, man will selbstverständlich nie zu spät kommen, aber in diesem Fall wollte ich es noch weniger, und wir haben es geschafft, wir sind noch rechtzeitig eingetroffen. Die Blutung war nicht so stark wie bei der erkrankten Frau, sodass der Notarzt den Patienten tatsächlich retten konnte, für dieses Mal wenigstens. Das Bittere ist, dass die Erkrankung dennoch schon so weit fortgeschritten war, dass langfristig wenig Chancen bestanden haben dürften. Ich weiß nicht, ob der Mann heute noch lebt, ich hoffe es wirklich. Aber wahrscheinlich tut er es nicht.

16. Das Fass im Kopf

Meine Kollegen und ich leben vermutlich in einer ziemlich verschrobenen Welt. Ich meine damit nicht nur die Leichenfundortreiniger, ich meine auch die Rettungsdienstler und Feuerwehrleute. Ich kann es ja nicht psychologisch beurteilen, aber ich sehe, dass wir regelmäßig verletzten Menschen begegnen, verbrannte Menschen auffinden, tote Menschen, und das in einer dementsprechenden Umgebung, in brennenden Häusern, ineinander verknäulten Autos, in verwahrlosten Wohnungen, wir sehen Menschen in einem Zustand, in dem sich kein geistig gesunder Mensch jemals befinden möchte, und das erleben wir jeden Tag, so, wie andere Menschen jeden Tag an ihrem Schreibtisch sitzen. Dazwischen warten wir in der Feuerwache und hören uns die Einsatzgeschichten von den Toten und Verwundeten und Verbrannten und Verunglückten an, bei denen wir nicht selbst dabei waren. Dann erzählen wir den Kollegen die Geschichten von unseren Toten und Verunglückten, die sie verpasst haben, während sie bei ihren Toten und Verunglückten waren. Und dabei sind wir alle ziemlich gelassen und ziemlich cool, obwohl jeder auf eine furchtbare Unglücksgeschichte eines Kollegen eine noch furchtbarere Unglücksgeschichte erwidern kann, und wenn dann keine Steigerung mehr möglich ist, erzählt ein anderer von einem nicht ganz so furchtbaren Einsatz, der aber dafür viel trauriger war, und sofort fällt dem Nächsten ein noch erschütternderes Schicksal ein, und wenn das keine verschrobene Welt ist, dann kenne ich keine. Die Frage ist: Was passiert mit Menschen, die dauernd in so einer verschrobenen Welt leben? Bei denen es zum ganz normalen Alltag gehört, einem von einem Lastwagen mehrfach überrollten Opfer mit einer mehr oder weniger handelsüblichen Bohrmaschine Nadeln in den Schienbeinkopf zu bohren, weil die Venen für Infusionen zu zermatscht sind und man die Infusionen daher direkt in die Knochen gibt?

Wissenschaftler haben herausgefunden, dass Menschen, die sich schon vor einer Katastrophe mit möglichen Rettungswegen oder Hilfsmöglichkeiten befasst haben, die besten Überlebenschancen haben, weil sie am schnellsten reagieren, und wir haben praktisch jede Katastrophe schon gesehen, jede Rettung schon gemacht, das verleiht uns ein gewisses Selbstbewusstsein, eine gewisse Ruhe, und so treten wir auch auf. Wir fühlen uns wie echte Kerle, die echte Heldentaten vollbringen. Wir wissen für alles eine Lösung, wir können uns keine Situation vorstellen, in der wir uns nicht zu helfen wüssten, irgendetwas wird uns immer einfallen. Aber wir wissen auch: Der Mensch ist nicht dafür gedacht, dauernd Tote und Verletzte zu sehen, dauernd in Blut und Wunden herumzufuhrwerken. Ich glaube, es gibt fürs Gehirn irgendwo eine Grenze, bei jedem von uns, und da ist dann Schluss. So wie bei einem Fass: Wenn's voll ist, ist's voll. Und manche Kollegen wissen genau: Bei ihnen ist das Fass kurz vorm Überlaufen.

Das kann schnell gehen, weil ja hinter den allermeisten Einsätzen auch Schicksale stehen. Ich erinnere mich an eine Familie mit einem Jungen, der eine spastische Behinderung hatte. Die Familie hatte ein kompliziertes Wespennest, um es zu entfernen, mussten wir mehrfach hin, und der Junge hat sich jedes Mal unbeschreiblich gefreut, wenn er uns in unseren weißen Anzügen sah. Wir haben ihn begrüßt, und er hatte einen Riesenspaß, beim Händeschütteln zuzudrücken wie ein Schmied. Das erschüttert einen natürlich nicht bis ins Mark, aber es lässt einen auch nicht kalt und man merkt sich sogar so kleine Randgeschichten, die schönen, die traurigen, und sie alle tragen dazu bei, das Fass ein bisschen mehr zu füllen.

Ich kenne einige Kollegen, die ganz klar sagen, dass sie bestimmte Einsätze im Rettungsdienst nicht mehr fahren möchten und können. Sie würden sich an ihrem Limit befinden, bekämen die Bilder nicht mehr aus dem Kopf und könnten nachts nicht mehr schlafen. Bevor sie für ihre Arbeit völlig ausfallen, lassen sie's halt mit dem Rettungsdienst. Manchmal hilft auch das nicht. Nach dem ICE-Unglück bei Eschede 1998 hat man eine Langzeituntersuchung mit den Helfern durchgeführt, die dort bei der Bergung der 101 Toten und Verletzten gearbeitet haben. Man hat festgestellt, dass sich vier oder fünf von ihnen umgebracht haben. Und es ist wohl auch kein Zufall, dass bei der Münchener Feuerwehr ebenfalls 1998 das SkB-Team gegründet wurde, das Team für »Stressbearbeitung und kollegiale Betreuung«. Nach besonders belastenden Einsätzen werden seitdem sämtliche Beteiligten zu einer Supervisionssitzung zusammengeholt, geschulte Psychologen leiten das Treffen und filtern heraus, wer möglicherweise unter den Folgen mehr leidet, als er ahnt. Das merkt man ja selbst manchmal gar nicht: Eine gute Freundin von mir, die bei einer benachbarten freiwilligen Feuerwehr mitgearbeitet hat, hat das erst bei einer Kur gemerkt, als die Ärzte sie dort zur Psychotherapie schickten. Sie hat nach einem schweren Unfall ihres Sohnes und mehreren ähnlichen schweren Unglücken, bei denen sie geholfen hat, nur noch zwei Stunden pro Nacht geschlafen, aber sich nichts dabei gedacht. Oder sie hatte noch die alte Feuerwehrdenke im Kopf, die ich auch kenne. Als ich 1987 anfing, galt man als Weichei, wenn man mit dem Erlebten nicht klarkam.

Dummerweise kann man sich auf solch schlimme Erlebnisse nicht vorbereiten. Ich werde mich und meine Kollegen zwar demnächst beim KIT schulen lassen, wie wir Opfern auch seelisch besser helfen können, falls wir wieder früher oder länger am Einsatzort sind als die Psychotherapeuten. Aber für meine eigene Seele gibt es keine schusssichere Weste und auch keine Rollenspiele und kein Training. Obwohl die Belastungen zunehmen. Im sogenannten MANV, dem »Massenanfall von Verletzten«, einem Szenario für Fälle wie in Eschede, werden Rettungsassistenten künftig die Notärzte mehr unterstützen als früher. Dabei gilt es, die Opfer in Kategorien einzuteilen: Grün für »Leicht verletzt«, Gelb für »Schwer verletzt, aber keine sofortige Hilfe nötig«, Rot für »Schwer verletzt mit sofortiger Hilfsbedürftigkeit«, und Schwarz für »Keine Überlebenschance«. Und das sehr sinnvolle Ziel ist, möglichst schnell Kategorie »Rot« herauszufinden, denn Hunderte Opfer brauchen zur Beurteilung viel Zeit, und Zeit hat diese Kategorie eben nicht. Aber klar ist, dass wir Rettungsassistenten in einem solchen MANV zunächst nicht aktiv helfen dürfen, sondern zuerst einteilen müssen, und wenn man dann Opfern, Schwerstverletzten, Eltern mit kleinen Kindern die Hilfe verweigern muss, weil man erst Menschen in Rot, Gelb, Grün, Schwarz einteilen muss, kann man mit Sicherheit davon ausgehen, dass man hinterher reif ist für die Couch.

Ich habe daher für mich den Schluss gezogen, dass ich aus meinem Kopf-Fass möglichst oft möglichst viel ablassen muss. So schlau sind meine Kollegen natürlich auch, aber der eine schafft es besser, der andere schlechter, und ich habe das Glück, dass es bei mir besser funktioniert. Ich erzähle meine Geschichten, und ich erzähle sie vor allem zu Hause.

Petra, meine Frau, Jenny und Jill, meine Töchter, müssen sich normalerweise meine Erlebnisse anhören. Nicht alle drei auf einmal, meistens, sondern jede einzeln, je nachdem, wann sie mir gerade über den Weg laufen. Und wenn ich die Geschichte schon einmal erzählt habe, finde ich sie selbst schon ein bisschen langweilig, was ich daran merke, dass ich sie bei jedem weiteren Mal schneller erzähle und mit weniger Details, und das ist für mich dann ein Zeichen, dass sich mein Kopf allmählich wieder beruhigt hat. Je nachdem, wie sehr mich ein Erlebnis bewegt hat, gerät es dann allmählich in Vergessenheit – oder es taucht nach einiger Zeit wieder auf und meine drei Zuhörerinnen langweilen sich, wenn ich es ihnen erzähle, weil sie die Geschichte schon kennen. Doch Jenny und Jill haben inzwischen ein professionelles Interesse an meinen Erlebnissen entwickelt.

Jill lässt sich zur Krankenschwester ausbilden, Jenny studiert Pflegewissenschaften, hat ein Praktikum im Hospiz hinter sich und ist schon mit mir zu Tatortreinigungen gefahren und hat da derart mit angepackt, dass ich ganz stolz auf sie gewesen bin. Nur Petra profitiert von meinen grauenhaften Geschichten nur wenig, ich erzähle sie ihr, wie andere Männer abends aus dem Büro erzählen oder von einer Baustelle oder sie mir umgekehrt von ihren Erlebnissen im Sonnenstudio berichtet. Und wenn gar nichts mehr geht, wenn ich drei furchtbare Tatorte in einer Woche gereinigt habe, sag ich ihr, dass ich einen Entspannungstag brauche.

Dann gehen wir gemeinsam zum Friseur, nehmen uns nichts vor, sitzen zu Hause und ich putze mein Einsatzauto. Das klingt spießig, ist aber sehr entspannend, sehr wichtig, befriedigend, beruhigend: ein sauberes, einsatzbereites Auto, alles ist an seinem Platz, perfekt beschriftet. Manchmal denke ich dann an mein optimales Einsatzfahrzeug, mein kleines Batmobil für Tatortreiniger, das ich mir eines Tages zulegen werde, mit Wassertank, Abwassertank, in dem man stehen und arbeiten kann, mit allen Chemikalien, Werkzeugen und viel, viel Platz. Oder ich werfe den Grill an, denn das ist für mich als Entspannung mindestens genauso wichtig: essen. Zu Hause mit der Familie, aber auch nach jedem Einsatz. Ich achte darauf, dass wir hinterher gemeinsam essen gehen, den Einsatz besprechen. Das Abschlussessen ist für mich ein Signal: Jetzt ist Feierabend, jetzt ist der Dreck weg, jetzt ist alles wieder gut. All das hat mir bislang geholfen, dass mein persönliches Kopf-Fass noch nicht übergelaufen ist. Und ich hoffe, das gelingt mir noch eine ganze Zeit lang. Man darf ja nicht vergessen: Letzten Endes mache ich meinen Job sehr gern. Aber ich merke auch, dass ich das Fass nicht mehr ganz leer bekomme und wohl auch nie mehr wieder ganz leer bekommen werde.

Ich merke mit 44, dass ich viel mehr denke. Mit 23 hab ich mir keine Sorgen gemacht. Ich bin auf Dächern herumspaziert, da wär's einem vom Zuschauen schwindlig geworden. Heute ist das anders. Ich habe kürzlich einen Einsatz bei einem Personenaufzug gehabt. Der war stecken geblieben, die Aufzugfirma bekam die Sache nicht in den Griff und hat die Feuerwehr gerufen. Woran man wieder sehen kann, wie vielseitig Feuerwehrleute sind: Notfalls sind wir offenbar auch der bessere Aufzugsservice. Wie dem auch sei: Die Kabine steckte im fünften Stock fest, und als wir dort die Türe geöffnet hatten, sah ich über Kopfhöhe nur den Kabinenboden und die Schuhe der Fahrgäste in der Kabine. Und direkt vor mir war der zwölf Meter tiefe Aufzugschacht. Ich sollte derjenige sein, der Kontakt mit den Insassen hielt, der sie beruhigt. Also stellte ich mich an den Aufzug und tat alles, damit die Leute nicht die Ruhe verloren. Aber während der ganzen Zeit musste ich an den Schacht vor mir denken, dass ich keine Sicherung hatte, dass ich da sinnvollerweise nicht reinstürzen sollte. Und was passieren würde, wenn mir jetzt schwindlig würde. Währenddessen kam ständig eine Türkin, deren Mann und Kinder im Lift feststeckten, und drängelte sich an den Spalt. Ich wollte natürlich nicht, dass sie mir in den Aufzugschacht stürzt, also hab ich immer wieder gesagt: »Gehen Sie da weg! Wenn Sie da runterfallen, sind Sie tot! Sie haben

eine Stimme, Sie können von da hinten genauso gut reden.« Aber die ganze Zeit dachte ich zugleich, dass ich
selbst auch nicht in den Schacht fallen sollte und dass
mir jetzt besser nicht schlecht werden sollte. Und ich bekam ein mulmiges Gefühl im Bauch, das ich vor zehn
Jahren noch nicht gehabt hätte. Weder das mulmige Gefühl noch den Gedanken an eigene Schwindelgefühle
oder den Bammel vor dem Kriechgang.

Wir haben bei der Feuerwehr einen Kriechgang mit
Engstellen, in den wir zum Trainieren mit dem Press-
luftatmer geschickt werden. Der Kriechgang ist stock-
dunkel, und damit's realistisch wird, kommt auch noch
Rauch rein. Passieren kann eigentlich nichts, weil praktisch überall Notluken sind, über die man Leute rausholen kann. Aber Sinn der Übung ist natürlich durchzu-
kommen. Einmal im Jahr muss man die Übung machen.
Früher bin ich da rein und fand das spannend, mit 20
bereitete mir das großen Spaß. Heute finde ich es unangenehm. Heuer bin ich erstmals stecken geblieben.
Ich bin erst gebückt vorwärtsgegangen, dann kam ich
nicht mehr weiter, also habe ich versucht, rückwärtszu-
gehen. Und dann hing ich fest. Nach vorne ging nichts,
nach hinten auch nicht, zu sehen war nichts, und plötzlich hatte ich ein mulmiges Gefühl. Vor allem wegen
der bevorstehenden Niederlage, denn wer im Kriechgang stecken bleibt, hat verloren, kassiert jede Menge dummer Sprüche und wird eine Zeit lang zum Ge-
spött der Wache. Aber da war noch etwas: ein leichter
Anflug von Hilflosigkeit, von Platzangst, von Beklem-
mung, ich würde sogar sagen – von Panik. Das wäre
mir früher nicht passiert, da hätte ich es wahrscheinlich

sportlich gesehen, so, als hätte man eben einen Elfmeter verschossen und ärgert sich dementsprechend. Ich kam dann doch wieder frei und hab mich irgendwie durchgequetscht. Und ich hoffe, dass mich solche Erlebnisse zu einem besseren, umsichtigeren, reiferen Feuerwehrmann machen – aber ich muss schon sagen: einfacher war es früher, als man weniger gedacht hat.

Einen Vorteil hat die Sache jedoch: Ich fahre nicht mehr so bescheuert Ski wie früher. Ich war gar nicht schlecht, wir waren jedes Wochenende in den Bergen, zu acht oben am Start der schwarzen Piste, und dann hieß es: Wer als Erster am Lifthäusl ist. Ich war schnell, zu schnell, rücksichtslos, bin über Kanten gesprungen, wenn da einer gestanden wäre, der wäre tot gewesen, Wahnsinn. Glück gehabt. Ich und die Leute, die zeitgleich mit mir in den Bergen waren.

17. Amok

Wenn man als Feuerwehrmann oder Rettungsassistent zu einem Einsatzort unterwegs ist, ist man immer aufgeregt. Man ist neugierig und gespannt darauf, was einen erwartet, und fast so etwas wie sensationslüstern. Man kann es leider nicht anders oder schmeichelhafter beschreiben. Wir können aber nicht anders empfinden, es ist schlicht unmöglich, so wie es für uns alle fast unmöglich ist, auf der Autobahn an einem Unfallort vorbeizufahren, ohne einen kurzen Seitenblick zu riskieren. Da ist etwas passiert, da geht etwas vor, was man sonst nicht sieht, wahrscheinlich eine Tragödie, es ist einfach menschlich, wenigstens kurz einen Blick darauf werfen zu wollen. Und schon in dieser Situation hat man einen weiteren Gefühlskonflikt, weil die Alternative, völlig ungerührt vorbeizufahren, eben nur anfangs untadeliger wirkt, denn man könnte dies auch »gleichgültig« nennen oder »gefühlskalt«. Man kann sich in einer solchen Lage nicht richtig verhalten. Für uns Einsatzhelfer ist dieser Konflikt noch viel stärker. Wir fahren nicht vorbei, wir fahren genau dorthin, wir werden in der ersten Reihe stehen, und wir werden hingucken müssen, damit wir helfen können – aber wir können, wenn wir ehrlich sind, nicht leugnen, dass wir unsere Augen bei unserer Arbeit genauso sensationsgierig aufmachen wie die meisten Schaulustigen. Bei der Tatortreinigung ist der emotionale Konflikt sogar noch ein wenig schwieriger:

Wenn wir eintreffen, gibt es nicht mehr viel zu helfen. Aber selbstverständlich sind wir neugierig, sogar doppelt und dreifach, wenn wir zu einem Einsatzort gerufen werden, über den vorher in der Zeitung berichtet wurde.

Ein Amoklauf hatte in einer Stadt nördlich von München stattgefunden, in der Nacht vom Ostermontag auf den Dienstag. Die Wohnung sollte geräumt werden, die überlebenden Opfer sollten nicht wieder den Tatort des Blutbades betreten müssen, wir sollten die Wohnung reinigen, möglichst viel erhalten und alles, was man mitnehmen konnte, gleich in Umzugskartons verpacken. Ich hatte von dem Fall gehört, er war auf den Titelseiten der Münchner Boulevardblätter gewesen. Aber richtig verstanden, was vorgefallen ist, habe ich erst, als wir dort eingetroffen sind.

Es war eine kleine Mietwohnung im Erdgeschoss, in einem Haus aus den späten 1960er oder den frühen 1970er Jahren. Wir erschienen zwei Tage nach der Bluttat, und etwas Derartiges hatte ich noch nie gesehen. Wir öffneten die Tür, sahen einen schmalen Flur, von dem links und rechts Türen weggingen. Der Flur war mit Laminat ausgelegt, und eine breite Blutspur zog sich von der Eingangstür bis zur Tür am anderen Ende des Flurs, die ins Schlafzimmer führte. Wir betraten vorsichtig die Wohnung, die letzte Tür auf der rechten Seite ging in die Küche, dort vor dem Kühlschrank lag eine schwarze Blutlache. Gegenüber, in der Wand und in der letzten Zimmertür auf der linken Flurseite, waren Einschusslöcher. Die Spurensicherung hatte schwarz-weiße Maßbänder danebengeklebt, um auf den Fotos die Größe einschätzen zu können. Im Schlafzimmer war

ein Doppelbett, die eine Hälfte der Matratze war blutgetränkt. Auf dem Teppichboden waren blutige Fußabdrü-
cke. Wir drehten uns um und blickten durch die Schlaf-
zimmertür wieder durch den Flur zum Eingang. Man
konnte den gesamten Ablauf der Tat erkennen.

Eine Frau hatte hier gewohnt, mit ihren zwei kleinen
Söhnen. Sie hatte sich vor kurzem von ihrem Mann ge-
trennt, einem Kosovo-Albaner. Er hatte bereits ein poli-
zeiliches Kontaktverbot erhalten, er durfte seine Familie
nicht mehr sehen, zu ihrem Schutz. Das Türschloss war
schon ausgewechselt worden. Aber irgendwie musste er
sich einen Schlüssel organisiert haben. Vermutlich hatte
er vor dem Haus gewartet, bis in der Wohnung die Lich-
ter ausgegangen waren. Dann hatte er sich mit einer Au-
tomatikpistole bewaffnet in die Wohnung geschlichen.
Er war sofort ins Schlafzimmer gegangen. Er stand an
der Schwelle, sah die Frau dort liegen, zwischen ihren
beiden Kindern. Der Dreijährige links, der Fünfjährige rechts. Dann hob er die Pistole und schoss auf den
Fünfjährigen.

Der Bub war sofort tot. Ein Drei-Organ-Schuss, sagen
die Fachleute, Leber, Herz, Lunge mit einem Schuss. Die
Mutter wachte auf, schnellte hoch und stellte sich dem
Mann schreiend in den Weg, um ihr Kind zu schützen.
Er senkte die Pistole und schoss, schnell, ohne zu zö-
gern. Er schoss ihr eine Kugel in den Arm und dann fünf
Kugeln in den Bauch, bis sie zusammenbrach. Ich konnte es förmlich vor mir sehen, ihre Blutlache lag vor mir
auf dem rotbraunen billigen Teppichboden. Gut möglich, dass er noch öfter geschossen und nicht immer ge-
troffen hatte, vielleicht stammten die Einschusslöcher

in Tür und Wand auch von Durchschüssen. Dann hob er die Pistole wieder, zielte auf den Kopf des Dreijährigen und drückte ab.

Der Junge hatte unglaubliches Glück. Die Kugel verfehlte ihn, aber er verfiel sofort in eine so totenähnliche Schockstarre, dass der Vater überzeugt war, er hätte ihn genauso rasch getötet wie seinen älteren Bruder. Nun setzte der Vater die Pistole an seinen Kopf und schoss zum letzten Mal. Er kippte hintenüber, in die Küche, stürzte mit dem Kopf neben den Kühlschrank mit den aufgeklebten Comicfiguren. Dann war Stille. Wie lange, ist schwer zu sagen.

Innen am Türrahmen des Schlafzimmers, auf der linken Seite, etwa in Wadenhöhe, befand sich ein roter Handabdruck. Die Mutter lebte noch. Sie hatte vermutlich nicht gleich versucht, sich aufzurichten, sie versuchte es wohl erst, nachdem sie gemerkt hatte, dass ihr Mann nicht mehr schoss. Sie packte den Türrahmen und versuchte, Hilfe zu holen. Es muss quälend langsam gegangen sein, sie konnte sich ja nicht mehr aufrichten, die Spuren im Flur waren ab hier fast ausschließlich in Bodennähe, keine, die sich höher befand als eine Türklinke. Sie umklammerte die Türstöcke, sie stemmte sich vorwärts, trotz der fünf Kugeln im Bauch, trotz des lädierten Arms, an den Beinen ihres Mann vorbei, der tot oder sterbend mit dem Blut aus seinem Kopf die Küche flutete. Sie kam nur zentimeterweise vorwärts, man konnte das an der körperbreiten Blutspur sehen, die sie über das gesamte Laminat verteilte wie Sean Connery in »Die Unbestechlichen«. Man sah das auch ohne Polizeiausbildung, es war ja keine gleichmäßige Spur, sie war immer wieder mehr und weniger intensiv, je nachdem, wie lange Pausen sie einlegen musste, wie lange sie an einer Stelle Blut verlor, während sie sich mit dem Kopf auf dem Boden voranzog, vorbei an den kleinen, ordentlich aufgestellten Stiefeln ihrer Kinder, auf dem Weg zu ihrem einzigen Ziel: dem schmalen hölzernen Schuhschrank im Flur, auf dem das Telefon stand.

Dass sie den Schrank erreicht hatte, konnte man an dessen blutverschmierter Ecke sehen, daran hatte sie sich hochgezogen und das Telefon heruntergeholt. Sie wählte die Notrufnummer und alarmierte den Rettungsdienst und die Polizei. Und dann kroch sie weiter. Die Blutspur zog sich noch bis zur Eingangstür. Dort hatte sie sich am Türstock hochgestemmt und die Wohnungstür geöffnet, um die Helfer schneller hereinzulassen. Man konnte es an der blutverschmierten Klinke erkennen. Dann war sie zusammengebrochen und hatte auf die Helfer gewartet. Sie hatten die Mutter und den überlebenden Jungen abtransportiert und sich noch um seinen toten Bruder gekümmert, das wiederum sah man an den Fußspuren, die von Helfern stammten, die durch den Flur gerannt waren und deren blutige Abdrücke im Schlafzimmer auf dem Teppichboden zu dem Fundort des kleinen Toten führten. Wir sahen alles vor uns, wir sahen jede Spur von jeder Zwischenstation der Tragödie. Wir waren sprachlos, es war absolut erschütternd, aber zugleich vollkommen bizarr, als stünden wir mitten in einem »Tatort«-Krimi, als hätten wir nur weiter zurückgehen müssen, um rückwärts aus dem Fernsehbild herauszutreten, aber das Fernsehbild hörte und hörte nicht auf, wir waren mittendrin, es war kein Fernsehbild, es war die Wirklichkeit, und die Frau mit den fünf Kugeln im Bauch lag zu diesem Zeitpunkt im Krankenhaus und kämpfte in der Intensivstation um ihr Leben, der Fünfjährige bekam keinen Szenenapplaus und der Vater hatte seine Rolle nicht zum Fürchten gut gespielt. Das alles war wirklich geschehen, und wie die perfekte Schlusspointe lag oben auf dem Schuhschrank der alte Schließzylinder der Eingangstür, den man zur Sicherheit der Familie noch eigens ausgewechselt hatte.

Wir schlüpften in unsere Overalls, blickten kopfschüttelnd immer wieder auf die Spuren dieser unfassbaren Brutalität. Der Anblick ging uns durch und durch, und trotzdem, wenn ich ehrlich bin, war auch in diesem Moment ein gewisser Nervenkitzel dabei.

Man steht in einem solchen Umfeld nicht gleichmütig wie in einer Imbissbude. Und viele panikartige Reaktionen scheiden allein schon deshalb aus, weil wir viel Erfahrung mit Katastrophen, Tragödien, Dramen haben. Wir haben zu viel Blut gesehen, um entsetzt davonzulaufen. Wir haben zu viele Verletzungen gesehen, um allein von der Tatsache schockiert zu sein, dass menschliche Körper immer wieder auf eine neue Art deformiert werden können. Wir haben zu viele Menschen gesehen, die unmögliche Dinge überlebt haben, um hoffnungslos zu sein. Wir haben zu viele Menschen an den dümmsten Dingen sterben sehen, um zu überrascht zu sein. Ich habe mich mit Menschen verbrüdert, die drauf und dran waren, sich umzubringen, in dem Wissen, dass jedes Mal der Moment eintreten wird, in dem ich den Todeskandidaten verraten werde, in dem nicht alles gut wird und er wieder nach Hause geht, sondern in dem ich ihn der Polizei ausliefere, den Ärzten. Ich habe Wohnungen geöffnet, in denen Tote am Dachbalken hingen, erhängt aus Liebeskummer, und es gab Tage, da habe ich zu ihnen hochgesehen und gesagt: »Junge, ich weiß genau, was du meinst.« Dennoch haben meine Kollegen und ich nicht genug gesehen, um nicht jedes Mal neugierig auf eine neue Variante des menschlichen Leids zu sein. Das ist uns selbst nicht immer sympathisch. Aber nur deshalb haben wir genug gesehen, um auch in solchen Momenten unsere Arbeit zuverlässig erledigen zu können.

Klaus und ich desinfizierten die Wohnung wie üblich mit Kohrsolin. Dann begannen wir auszusortieren. Die Matratze mit dem blutigen Umriss des Fünfjährigen wurde kleingeschnitten und in Folie verpackt, damit wir sie problemlos entsorgen konnten. Wir entfernten das komplette Laminat im Flur und den Teppichboden im Schlafzimmer. Sie hatten darunter Styropor verlegt, zur Trittschalldämmung, und das Styropor war an zwei Stellen blutgetränkt. Wir schnitten sie heraus und warfen sie weg. Dann machten wir uns an das Linoleum in der Küche, das nicht mehr zu retten war. Wir hätten das Blut vielleicht wegwischen können, aber es hatte schon zu lange eingewirkt, die Umrisse des blutigen Flecks waren fest eingedrungen. Mit einem Mehrzweckschneider frästen wir das Linoleum streifenweise ab – in den 1970er Jahren hatte man offenbar nicht nur stellenweise punktgeklebt, sondern mit großer Freude den furchtbarsten Klebstoff großflächig aufgetragen. Dieses blutige Linoleum gehört mit zum Zähesten, was ich je aus einer Wohnung entfernt habe.

Klaus zerlegte inzwischen das Bett bis auf den Lattenrost. Die Mutter und ihr überlebender Sohn sollten umgesiedelt werden, Kirche und Polizei würden ihnen eine neue Identität vermitteln und sie mit dem Notwendigsten versorgen. Das bedeutete, dass wir Kosten sparen mussten, wir mussten mehr reinigen als sonst, denn alles, was wir wegwerfen würden, hätten kirchliche und staatliche Stellen neu kaufen müssen. Deshalb putzten wir das Bett so gründlich, wie wir es sonst nur bei einer Bettwanzenbekämpfung tun. Wir packten die Habseligkeiten der kleinen Familie zusammen, in Umzugskartons, sodass die Umzugsfirma alles transportieren konnte. Tatortreinigung ist manchmal mehr als schlichte Putzarbeit. Aber es gab auch nicht viel zu verpacken: Der Frau war nicht viel mehr geblieben als ihr Sohn, und auch den gönnten ihr manche nicht. Kurze Zeit später, habe ich erfahren, soll die Familie des Amokläufers versucht haben, das Sorgerecht für den kleinen Jungen zu bekommen. Die Behörden haben ihn sicherheitshalber sofort an eine Pflegefamilie vermittelt, wo er bis zur Entlassung der Mutter aus der Klinik blieb. Wo Mutter und Sohn heute wohnen, weiß ich nicht, ich habe den Fall nicht weiterverfolgt, aber ich weiß, dass sie heute so gesund und wohlauf sind, wie es unter den Umständen möglich ist.

Es fällt mir noch immer schwer, diesen Einsatz ähnlich abzuhaken, wie es mir mit vielen anderen gelingt. Vielleicht habe ich vorhin ein wenig geschwindelt, als ich behauptet habe, mich würden all die Erlebnisse immer härter, zuverlässiger, reaktionsschneller und bei aller Neugier auch geschulter und erfahrener machen.

Aber je älter ich werde, desto mehr spüre ich auch, wie mich diese Erlebnisse beeinflussen. Ich werde ängstlicher. Und ich gehe nicht mehr wie früher bei Wohnungsöffnungen einfach voran. Ich habe gesehen, wie Polizisten angeschossen wurden, weil bei einer Wohnungsöffnung der Mieter zwar trotz aller Hämmerei gegen die Tür nicht reagierte, wohl aber bereit war, auf denjenigen zu ballern, der seine Wohnung betritt. Und Fälle wie dieser Amokläufer sind die Ursache, dass ich auf Zehenspitzen in Wohnungen gehe, stets mit der Sorge im Hinterkopf, dass ich nicht allein bin und einer der ganz Irren aus den unerfindlichsten Gründen mit einem Messer hinter der Tür steht.

18. Alles Fassade

In jüngster Zeit scheint der Beruf des Tatortreinigers immer mehr im Interesse der Öffentlichkeit zu stehen. Ich habe das ja selbst feststellen können, und ohne dieses Interesse wäre es wohl nie zu diesem Buch gekommen. Die Neugier ist ganz verständlich: Den Beruf gibt es in Deutschland noch nicht sehr lang und man erfährt normalerweise nicht allzu viel darüber. Aber alle, die sich für meinen Beruf interessieren, hätten mir zumindest in einem Fall einen Tag lang bequem auf die Finger schauen können, wenn sie am richtigen Tag am richtigen Ort gewesen wären. Und der war an diesem Tag ein Mietshaus im Münchner Südwesten.

Das Münchner KIT rief uns an, ein 39 Jahre alter Mann war in seiner Wohnung gestorben. Er war alkoholkrank, er hatte – wie bei Alkoholikern oft der Fall – eine Leberzirrhose, damit die ebenfalls gängige Durchblutungsblockade in der Leber, bei der sich das Blut seine Umwege im Körper auf kleinen Nebenleitungen, den Ösophagusvarizen, sucht, die für diese Blutmenge nicht vorgesehen sind und die dann irgendwann platzen. Es war dasselbe Prinzip wie bei dem 23-Jährigen, der sich totgesoffen hatte. Nur waren die Varizen bei dem 39-Jährigen nicht in seinem Zimmer geplatzt, sondern als er frühmorgens gegen halb fünf auf dem Balkon stand, um ein Zigarettchen zu rauchen.

Ihm war zunächst schlagartig schlecht geworden und

dann hatte er sich übergeben. Wenn man dabei auf dem Balkon steht, hat man zwei Möglichkeiten: Man erbricht sich auf seinen eigenen Balkon oder über die Brüstung. Auf den eigenen Balkon zu speien ist natürlich rücksichtsvoller, aber ich weiß ehrlich gesagt auch nicht, ob ich in einer solchen Situation darauf Rücksicht nehmen würde – dieser Mann wählte jedenfalls die andere Option und spuckte einen riesigen Schwall Blut knapp über seine Brüstung. Das war nicht gut für den Balkon darunter, für den Balkon unter dem Balkon auch nicht, und davon gab es eine ganze Menge, denn die Brüstung des 39-Jährigen befand sich im siebten Stock. Das Blut tropfte von jeder der strahlend weiß gefliesten Brüstungen zur nächsten, jedes Mal mit drei Metern freiem Fall dazwischen, bildete beim Auftreffen einen kreisförmigen feinen roten Sprühnebel, bis es dann schließlich unten auf den Boden der Grünfläche vor dem Haus aufschlug.

Optisch ungünstig war dabei, dass die Grünfläche in dieser Jahreszeit nicht sehr grün war. Es war Januar, es lag kniehoch Schnee, und vor dem Balkon sah der Schnee in einem Meter Umkreis aus, als hätte gerade jemand mit dem Mund voll Tomatensaft aus dem Fenster gesehen, während ihm jemand anderes einen unglaublich guten Witz erzählte.

Der Mann hatte sich daraufhin vom Balkon zurückgezogen und war wieder in die Wohnung getaumelt. Seine entsetzte Frau hatte den Notarzt gerufen, während er ins Bad wankte und sich in die Toilette erbrach. Dann war er bewusstlos geworden, neben die Toilette gesackt und war zusammengekrümmt auf dem flauschigen blauen Badezimmerteppich verblutet. So lag er noch da, als wir eintrafen.

Die Amtsärztin stand daneben und stellte gerade den Tod fest.

»Ich habe eine Bitte«, sagte sie zu uns, »könnten Sie mir einen Gefallen tun?«

»Worum geht's?«, fragte ich.

»Der Bestatter wird ihn gleich abholen, er ist aber noch nicht da«, sagte sie. »Die Angehörigen sind aber schon nebenan. Könnten Sie ihn etwas herrichten? Sodass die Angehörigen Abschied nehmen können?«

Ich blickte auf den Toten. Er war so blass wie die Toilettenschüssel und genauso blutverschmiert.

»Was verstehen Sie unter Herrichten?«, fragte ich.

»Na ja, was eben geht«, sagte sie, »wenn Sie das Blut abwischen könnten und ihn etwas würdevoller hinlegen? Nur auf die Schnelle eben.«

»Na gut«, sagte ich, »das können wir schon machen.«

Ich tränkte einige Einwegtücher mit kaltem Wasser und wischte ihm das Blut vom Gesicht. Dann zogen wir ihn von der Toilette weg, rückten ihn kurz gerade und klappten den Toilettendeckel herunter. Ich weiß nicht, ob er jetzt so viel würdevoller aussah als vorher. Jedenfalls verließen wir das Badezimmer und ließen die Angehörigen hineingehen. Währenddessen kam der Bestatter, und wir besprachen uns mit dem KIT.

Die Reinigung musste in jedem Fall möglichst schnell erfolgen. Erstens war die komplette Fassade blutverschmiert. Und zweitens war der Tote mit Hepatitis C infiziert, weshalb wir bei der Entfernung des Blutes nicht trödeln durften. Das Günstige war, dass es noch früh am

Tag war, wir hatten eine gute Chance, die Mieter der Balkone darunter noch zu Hause anzutreffen – das konnte uns die mühsame Organisation einer Leiter sparen. Und tatsächlich klappte es fast überall, mit Ausnahme des Erdgeschosses, aber da konnten wir ja von außen auf den Balkon steigen.

Zunächst beorderte ich Hardy mit einer Schaufel und einigen Mülltüten nach unten auf die Grünfläche vor dem Haus. Der Schnee musste zuerst weg, man konnte ja nicht ausschließen, dass Kinder oder Hunde sich auf die schöne rote Färbung stürzen. Wir desinfizierten die besprühte Fläche großzügig mit Kohrsolin, dann schaufelte Hardy den blutvermischten Schnee in die 120-Liter-Tüten. Vier davon füllte er knapp zur Hälfte, eben so weit, dass man sie gerade noch tragen und ins Auto laden konnte. Wir würden sie später entsorgen müssen. Dann machten wir uns an die Balkone.

Es ist immer wieder erstaunlich, wie verteilungsfreudig Blut ist. Auf jedem Balkon, den wir betraten, bot sich dasselbe Bild: Das Blut war auf die weißen Fliesen getropft und der Sprühnebel hatte den Balkon gleichmäßig überzogen. Direkt unter der Brüstung, an der Innenseite war nichts, da hatte die Brüstung selbst einen Spritzschutz geboten, aber nach etwa einem halben Meter hatte man den feinen Blutnebel auf dem Boden, und auch an den Fensterscheiben klebte er. Überrascht wurden wir nur auf einem Balkon im dritten oder vierten Stock.

Ein Rentner machte uns auf, Mitte bis Ende 60, er führte uns hinaus, auf einen irritierend sauberen Balkon. »Da waren heute Morgen so Flecken drauf«, sagte

167

er, »ich hab die natürlich gleich weggemacht.« Hardy und ich sahen uns kopfschüttelnd an, baten ihn, sich die Hände noch mal extrem gründlich zu waschen, und sagten ihm, dass wir den Balkon trotzdem nochmals reinigen und vor allem desinfizieren müssten. Man staunt schon manchmal, zu welchen Uhrzeiten unsere Rentner bereits an ihren Balkonen herumbürsten.

Aber letztlich hatte der Rentner natürlich in einem Recht: Er hatte schneller gehandelt, als wir es konnten, und damit einen sinnvollen Vorteil genutzt – den schlichten Umstand, dass das Blut noch nicht angefroren war. Es herrschte seit Tagen Frost mit Temperaturen von weit unter null Grad. Das bedeutete, dass nicht nur die Luft kalt war, sondern auch der Beton des Hauses komplett durchgekühlt, und ganz besonders galt das für die weißen Fliesen, mit denen alle Brüstungen verkleidet waren, und auch für den Metallrahmen, der die Fliesenverkleidung zur Außenseite hin abschloss. Das Metall war so kalt, dass man besser nicht mit dem bloßen Finger hingriff. Das Blut war dort blitzschnell gefroren, jedes der feinen Tröpfchen war sofort zu einem glasharten Knöpfchen geworden, das auf den Fliesen festsaß wie daraufzementiert. Und auf den Fliesen gefror nicht nur das Blut.

Wir merkten es schon beim ersten Balkon, den wir behandelten. Jedes Mal, wenn wir den Balkon mit Kohrsolin besprühten, unserer Standard-Desinfektionslösung, überzogen wir das Blut mit einer sofort gefrierenden zusätzlichen Glasur, die zwar nicht mehr ansteckend war, aber eben noch schwerer loszulösen sein würde. Das Blöde war: Ändern ließ es sich nicht, auf die Desinfektion konnten wir nicht verzichten. Wir konnten nur froh sein, dass die Balkone wegen des Winters weitestgehend leergeräumt oder abgedeckt waren. Es hätte uns genauso gut passieren können, dass wir jede Menge Gartenmöbel und vergessene Sonnenliegen hätten polieren dürfen.

Wir rührten als Nächstes mit DES 3000 die Reinigungslösung an, nahmen unsere Bürsten und stellten fest, dass wir schnell vor einer neuen Variante desselben Problems standen. Wenn man zu viel davon nahm, wurde das Zeug auf dem durchgefrorenen Stein ebenfalls zu einer Zusatzschicht. Die Putzmöglichkeit, die übrig blieb, war äußerst mühsam: relativ wenig Reinigungslösung, dafür mehr Bürsten, und dabei überschüssige Flüssigkeiten möglichst rasch aufwischen. Es war nicht richtig viel Blut, was pro Balkon aufzuwischen war, trotzdem brauchten wir für jeden mindestens eine Stunde. Für die Nachbarn gegenüber war der Anblick zumindest irritierend. Den ganzen Tag wischten Männer in weißen Overalls mit Mundschutz in nur 50 Metern Entfernung die Balkone. Einige Nachbarn begannen hinauszugehen und ihren Balkon ebenfalls zu reinigen, vermutlich, weil sie annahmen, dass ihr Haus als Nächstes an der Reihe sein würde.

Erst zum Schluss kümmerten wir uns um das Badezimmer. Das war wenigstens einfach. Wir hatten es schon gleich zu Beginn desinfiziert, jetzt mussten wir nur noch den blutgetränkten Plüschvorleger entfernen und das Bad mit DES 3000 durchreinigen, eine Sache von einer halben Stunde. Das ist auch etwas, was ich fast immer gern mache: Gefliese Bäder putzen sich ja wirklich fast von selbst, und das Ergebnis sieht hinterher immer gut aus, vor allem verglichen mit dem Zustand, in dem wir sie meistens vorgefunden haben. Die Polizei hinterließ noch eine Nachricht für den abwesenden Mieter im Erdgeschoss, damit er sich nach seiner Rückkehr nicht wundern musste, wer warum auf seinem Balkon herumgeschrubbt hatte. Dann war unsere erste Open-Air-Veranstaltung zu Ende. Fans hatten wir keine gewonnen, eher viele besorgte Blicke. Falls das noch einmal vorkommt und wir Zuschauer haben sollten, kann ich diesen versichern: Für diejenigen, die uns arbeiten sehen, besteht keine Gefahr, darum kümmern wir uns schon. Und wir fahren erst dann nach Hause, wenn der Job erledigt ist und man sich in der Nachbarschaft keine Sorgen mehr machen muss.

Auf dem Heimweg kostete uns der desinfizierte Schnee nochmal eine halbe Stunde Zeit. Es dauert eben, 200 Kilo Schnee zu schmelzen, damit sie in den Gully passen, wenn es außen zehn Grad minus hat.

19. Wo alles endet

Mitunter bekomme ich Anrufe von Leuten, die mich fragen, ob sie mal ein Praktikum bei mir machen können, oder die wissen wollen, ob ich auch Lehrlinge aufnehme. Leider machen sich die meisten Interessenten da eine falsche Vorstellung von dem, was hinter unserem Beruf steckt. Sie denken, wir würden die ganze Zeit durch die Abgründe der menschlichen Existenz waten, wobei ich das noch nicht einmal als völlig falsch beschreiben würde, aber unsere Form des Watens besteht in 90 Prozent der Zeit in nichts anderem als in ganz normalem Möbelschleppen und Wohnungsentrümpeln. Einen sehr großen Teil unserer Zeit verbringen wir wie Möbelpacker in weißen Overalls. Als kürzlich eine junge Dame anrief und fragte, ob sie bei uns anfangen könnte, war sie ganz perplex, dass ich sie nicht als Erstes nach ihren Erfahrungen in Beerdigungsinstituten und Schlachthöfen gefragt habe, sondern einfach nur nach ihrem Körpergewicht. Ein bisschen über 40 Kilo, hat sie geantwortet, und daraufhin habe ich ihr ganz ehrlich gesagt: »Gute Frau, schön, dass Sie sich für uns interessieren, aber wir brauchen Leute, die Schränke schleppen können, Teppiche, Pressspanregale, die schwer sind wie Blei.« Es ist einfach so: Schleppen ist bei uns ein großes Thema, Schleppen und Wegschmeißen. Letzteres ist zudem oft auch ein Problem.

Nicht in jedem Fall ist das, was wir bei Leichenfundorten finden und wegwerfen, einfacher Hausmüll. Eigentlich selbstverständlich: Wenn jemand Hepatitis hatte und wir mit Schutzanzug und Atemfiltern arbeiten, dann ist alles, was wir abtransportieren, Sondermüll, den man nicht einfach irgendwo ablagert, sondern der auf eine entsprechende Deponie muss.

Bei den Mülldeponien, jedenfalls denen, die ich kenne, gibt es knallharte Vorgaben: Wenn du eine Couch anlieferst, musst du sie zerhacken, sonst wird sie nicht angenommen. Keine Kante darf länger als 50 Zentimeter sein, in München wenigstens. Das heißt, wenn du dort ankommst, dann hast du sie besser schon fertig zerhackt, sonst fängst du damit eben vor der Mülldeponie an. Für solche Fälle haben wir deshalb auch alles im Auto, einen Flex-Multischneider, eine Motorsäge, alles Profi-Equipment. Massivholz, wie im Fall der Treppenteile aus unserem ersten Leichenfundort in dem Gredinger Turm, muss geschreddert werden.

Allerdings haben da alle Deponien wiederum ihre eigenen Regelungen. In München muss infektiöses Material verbrannt werden. In Freising hingegen, wo wir kürzlich zu einer Tatortreinigung waren, muss nichts verbrannt werden. Wir sind vor unserem Kunden schön blöd dagestanden, da wir ihm noch die höheren Verbrennungskosten in Aussicht gestellt hatten. Als die Auskunft aus Freising kam, dass wir nichts verbrennen müssen, habe ich sicherheitshalber noch in Garching angerufen. Ergebnis: München verbrennt infektiösen Sondermüll, Garching verbrennt infektiösen Sondermüll, der Landkreis München ebenfalls, Freising nicht. Die lagern das auf der Deponie, die behandeln das wie Sperrmüll. Das verstehe, wer will.

Ich mische mich da nicht ein, die ganze Sache mit dem Müll ist letztlich Angelegenheit meines Kunden – auch wenn ich es natürlich auf Wunsch für ihn koordiniere. Üblicherweise nehmen wir dann eine Firma, die den Container bereitstellt und auch die Entsorgung übernimmt. Aber unsere Wahl ist selbstverständlich nicht verpflichtend, der Kunde muss die Möglichkeit haben, im Zweifelsfall selbst nach günstigeren Anbietern zu suchen, wenn er möchte – allein schon damit sichergestellt ist, dass ich hier nicht unter der Hand irgendwem die Aufträge zuschanze. Denn mit Müll ist viel Geld zu verdienen.

Es gibt Firmen in unserem Gewerbe, die sagen: Die Entsorgung von infektiösem Material kostet pauschal 450 Euro. Das ist für die Firma vor allem leicht verdientes Geld, sonst nichts. Dem Normalverbraucher fällt das nur nicht auf, weil er selten riesige Müllmengen wegbringt, höchstens mal beim Umzug, und da fährt er wahrscheinlich auf den Recyclinghof. Aber man muss ja nur folgende Rechnung aufmachen: Der Kubikmeter normaler Sperrmüll kostet in München 20 Euro, eine Mulde hat sieben Kubikmeter, macht 140 Euro, die Anfahrt kostet 60 Euro – das sind zusammen 200 Euro, da bleiben 250 Euro beim Anbieter hängen. Manchmal muss man auch nur einen Kubikmeter entsorgen – schon sind sogar 370 Euro übrig. Ich finde solche Abrechnungen unseriös, Müll ist für mich nur ein Durchlaufposten, ich will an der Müllverbrennung nichts verdienen. Ich trage ja nicht einmal die Verantwortung, ich gebe den Auftrag nur weiter: Ich sage, dass hier infektiöses Material anfällt, das muss ordnungsgemäß entsorgt werden, und dann ist es Angelegenheit des Auftragnehmers, dass er sich mit den für ihn geltenden Vorschriften auskennt. Wobei: Wenn ich den Unternehmer aussuche, kann man sicher sein, dass der alles vorschriftsmäßig macht, denn ich nehme nicht den billigsten, sondern einen zuverlässigen, und dazu gehört übrigens auch, dass die Firma die korrekte Entsorgung von infektiösem Material offiziell anbietet und nicht nur am Telefon behauptet: »Jaja, das machen wir auch!«

Mir persönlich wäre es übrigens in jedem Fall lieber, wenn infektiöses Material verbrannt wird. Ich erlebe es ja oft, dass es die Fahrer der Transportfirmen bereits würgt, wenn sie kommen, um unsere beladenen Container abzuholen; allein daran merkt man doch schon, dass dieser Müll nicht auf irgendeine Deponie unter freiem Himmel gehört. Häufig bestelle ich nach dem Sichten des Fundorts zwei Container, einen für Sondermüll, einen für Sperrmüll – es muss schließlich nicht alles verbrannt werden. So wird es dann etwas günstiger für die Auftraggeber, weil Sperrmüll deutlich billiger ist, und trotzdem ist sichergestellt, dass keine Gesundheitsgefährdung besteht. Aber es darf nicht nur nach dem Preis gehen. Genauso wichtig ist, dass das infektiöse Material schnell wegkommt.

Eine Mulde mit stinkendem Müll kann nicht drei Tage auf der Straße stehen, nur weil der Auftrag am Freitag rausgegangen ist, die Firma aber am Wochenende den Müll nicht abholt. Ist alles schon vorgekommen. Wenn man einen Container mit Hausrat einige Tage lang stehen lassen muss, muss klar sein, dass der Container absperrbar ist. Ich will jetzt hier nicht schlecht über verschiedene Wohngegenden reden, aber es gibt schon einige Ecken, da dauert es keine zehn Minuten und schon spazieren die Nachbarn in dem Container ein und aus und suchen, ob vielleicht noch etwas Verwertbares zu finden ist. Das könnte man sogar noch hinnehmen; völlig unabhängig von der Wohngegend jedoch findet man Leute, die zu dem Müll gerne noch etwas dazugeben, dann zahlt man dessen Entsorgung, und das kann einem im Glasscherbenviertel genauso passieren wie im Nobelvorort, denn zum kostenlosen Müllentsorgen ist sich keine Gegend zu fein.

20. Hartnäckig

Was ich an meinem Job mag, ist: Ich löse Probleme. Wenn ich irgendwo hinkomme, dann weiß ich nie, was auf mich wartet. Das gilt sogar für meine Wespennester, obwohl sich da die Variationsmöglichkeiten schon sehr in Grenzen halten. Aber die Nester hängen manchmal ungünstig, sind leichter oder schwerer zugänglich, besonders hoch unterm Dach oder hinter einem Baum. Es gibt Wespennester, die sehen aus, als müsste man sie bloß runterpflücken, aber dann ist man doch ewig damit beschäftigt. Und bei anderen macht man sich Gedanken und ist schneller damit fertig, als man es je erwartet hätte. Mit den Leichenfundorten verhält es sich genauso. Man weiß nie, was auf einen wartet. Und der nervtötendste Fall ist am Ende gar nicht der mit der zugemüllten Wohnung, die man schon unten vom Hausflur aus riecht, sondern ein kleines Zimmer, das völlig leer ist.

Es war eine Neubauwohnung, in der ein älterer Herr gestorben war. Der Leichnam war relativ lange unentdeckt dagelegen, und da es Nachlassschwierigkeiten gegeben hatte, war zwar die Leiche abtransportiert worden, aber es war lange unklar, wer für die Wohnung und damit auch für die Reinigung zuständig war. Also hatten die Leichenreste, die vom Bestatter nicht mitgenommen worden waren, nochmals mehrere Monate auf Boden und Wände einwirken können. Man roch es deutlich. Dabei konnte ich auf Anhieb keinen Fehler finden.

Eine Entrümpelungsfirma hatte die Wohnung komplett ausgeräumt und auch das Parkett entfernt. Dann hatte man einen Handwerker kommen lassen, der die stark saugfähige Rigipswand neben dem Leichenfundort abmontiert und durch eine neue ersetzt hatte. Anschließend hatte er den Estrich mit dem dunklen Fleck in der Zimmerecke, etwa zwei Meter an jeder Wandseite entlang, fein säuberlich abgetragen, bis kein belastetes Material mehr vorhanden war, und dann den Boden mit einem Zwei-Komponenten-Harz versiegelt; das hätten wir auch nicht besser hinbekommen. Sicherheitshalber hatten sie zwei Tage lang ein Ozongerät laufen lassen, was ich nicht empfohlen hätte, aber geschadet hatte es wenigstens auch nicht. Und trotzdem roch es im ganzen Raum nach Leiche, man roch es, wie man einen reifen Camembert riecht, sobald man nur die Kühlschranktür öffnet. Aber warum?

Das Fenster war mein erster Verdacht. Obwohl es ein Neubau war, bestand der Rahmen aus Holz. Aber an diesem Tag habe ich gelernt, dass praktisch alles den Geruch annehmen kann, wenn es ihm nur lange genug ausgesetzt ist. Stärker noch als der Rahmen roch das Silikon, die Dichtungsmasse, mit der man das Fensterglas im Rahmen befestigt und die man normalerweise für so abweisend hält wie eine Teflonbeschichtung. Aber es war nicht nur das Fenster. Der Geruch steckte auch in den Wänden, und mehr noch, in den Plastikverschalungen der Steckdosen und Türschalter. Ich kalkulierte rasch durch: Wir mussten die Steckdosen entfernen, die Wände, die Decke, den Boden gründlich mit Chlorbleichlauge behandeln, das Fenster zerlegen. Sicherheitshalber wollte der Verwalter, dass wir auch den Rest der Wohnung behandelten – in acht Stunden sollten wir damit durch sein. Ich sagte, ich sei mir nicht sicher, ob wir die Fenster retten könnten, aber sonst würden wir alles hinbekommen. Ich ahnte nicht, wie oft ich diese Wohnung in den kommenden Wochen noch sehen sollte.

Die Fenster waren noch das kleinste Problem. Wir öffneten sie, klappten sie auf, holten die Scheiben heraus und warfen die Silikondichtungen weg. Die Scheiben stellten wir ins Zimmer, den Rahmen behandelten wir mit Chlorbleichlauge, und den Raum klebten wir vorübergehend mit Folie ab, bis später der Glaser die Fenster reparieren würde. Das eigentliche Problem waren die Steckdosen. Der Geruch hing nicht nur in den Verkleidungen, die über dem Putz waren. Er hing auch in den Dosen in der Wand. Wir demontierten also die gesamten Steckdosen und Türstecker, und als wir damit fertig waren, stellten wir fest, dass es noch immer aus den Löchern mit dem Kabel herausroch. Der Leichengeruch war in die Plastikummantelungen der Stromkabel gekrochen. Und nicht nur das, sondern auch in die Plastikröhren, mit denen Elektriker in Rohbauten die Stromkanäle auskleiden. Doch die ließen sich nicht einfach herausziehen. Wir mussten sie aus der Wand heraushauen.

Es war natürlich typisch. Murphys Gesetz. Sobald man eine Schraube in die Wand drehen will oder einen Dübel versenken, kann man sich darauf verlassen, dass man in einer Altbauwohnung ist, in der die Wände nur von der Farbe zusammengehalten werden. Man setzt einmal den Bohrer an und es rieselt einem der Sand entgegen, als hätte er nur darauf gewartet. Wir hätten was gegeben für eine solche Wand. Aber in unserem Fall bestand sie aus feinstem Nachkriegsbeton der 1970er Jahre, selbstverständlich. Da kann man über jeden Zentimeter froh sein, bei dem einem der Meißel nicht abbricht.

Wir prügelten uns millimeterweise nach oben. Zwanzig Zentimeter schlugen wir aus der Wand, bis die Plastikröhre darin endlich aufhörte zu stinken. Und das fünfmal. Denn wir waren ja nicht in einer Altbauwohnung, in der man pro Zimmer eine Steckdose hat, sondern in einer wunderschönen komfortablen Neubauwohnung mit Elektroanschlüssen für Staubsauger, Stereoanlagen, Stehlampen und all die anderen Segnungen, und aus jedem dieser nützlichen Elektroanschlüsse roch es nach verfaultem Fleisch. Ich kann gar nicht sagen, wie froh ich war, als wir die letzte Dose zerlegt hatten. Der Rest war Routine. Wir bürsteten die Wände der gesamten Wohnung mit Chlorbleichlauge ab, ebenso die Decken und die Böden. Und dann gingen wir nach Hause, fest davon überzeugt, dass das eigentlich reichen sollte.

Eine Woche später waren wir wieder da. Und es war nicht so, dass unsere Arbeit vollkommen vergeblich gewesen wäre, man merkte schon eine spürbare Verbesserung. Doch auf einer Skala von null bis zehn, bei der null kein Geruch ist und zehn unser Startgestank, waren wir bislang allenfalls bei drei. Das war zwar nicht unerträglich, aber man roch schon, dass in dem Zimmer jemand wesentlich länger gewohnt als gelebt hatte. Und so, dass kein Mieter Lust haben würde, hier ein Kinderzimmer einzurichten. Es war eine Enttäuschung.

Wegen der unerfreulichen Lage war diesmal nicht nur der Vermieter dabei, sondern auch der Handwerker, der den Estrich behandelt hatte und der genauso enttäuscht und ratlos war wie wir. Als Erstes teilte ich dem Vermieter mit, dass er sich wohl von seinem Holzfenster würde verabschieden müssen. Das roch immer noch deutlich nach Leiche. Aber genauso einig waren wir uns alle, dass der Geruch nicht nur von dem Fenster kommen konnte. Er steckte noch immer in der Wand und in der Decke. Ich nahm meinen Spachtel und setzte ihn an der Decke an. Und dabei stellte ich fest, dass das keine normale Decke war, sondern eine Art Kunststoffverputz. Wenn schon Silikon ein ideales Geruchsversteck war, dann war es der Kunststoffverputz erst recht. Wir beschlossen, ihn zu entfernen. Blieben noch die Wände. Mir war schleierhaft, wieso die Chlorbleichlauge so erbärmlich versagt hatte. Dem Handwerker ging es genauso. »Nicht zu fassen«, sagte er, »dabei haben wir die sogar noch gestrichen.« In dem Moment muss ich ein ziemlich dämliches Gesicht gemacht haben.

»Sie haben *was?*«, fragte ich ihn.

»Wir haben die Wand schon gestrichen gehabt«, sagte er stolz, »sogar mit Nikotinsperre!«

Mir fiel der Kinnladen auf die Brust. Auf der Wand war also eine Spezialfarbe, entwickelt für die Renovierung von Wohnungen, in denen viel geraucht worden war, um den Rauchergilb abzudecken und das Nikotin in den Wänden zu halten. Was die Farbe auch tadellos tat, gar keine Frage, aber Leichengeruch ist kein Nikotin. Der Geruch diffundierte mühelos durch die Farbe hindurch, die neben ihrer sauberen weißen Optik nur eines geschafft hatte: unsere Chlorbleichlauge von dem Gestank fernzuhalten.

Ich hatte angenommen, die Wand sei noch im Originalzustand. Weil ich nie auf den Gedanken gekommen wäre, dass einer in einem Zimmer damit anfängt draufloszumalen, solange es noch derart stinkt.

»Da können wir ja bürsten, bis wir schwarz werden«, sagte ich kopfschüttelnd. »Die Farbe muss runter. Und der Deckenputz auch.«

Experte zu sein hat manchmal Vorteile. Wir sind Fachleute, hoch spezialisierte Fachleute, und wir kosten daher mehr als der handelsübliche Handwerker. Nicht so viel, dass man eine neue Hypothek aufnehmen muss, aber eben doch so viel, dass man sich als Hausverwalter überlegt, wen man dafür bezahlt, dass er die Farbe von den Wänden kratzt. Und Farbe von Wänden zu kratzen ist eine elende Schinderei, ein mühsames Gepfriemel, selbst mit den elektrischen Schleifmaschinen, denn die sind schwer und man muss sie stundenlang hochstemmen, überall fliegen die kleingehackten Farbsplitterchen herum, und das ist schon schlimm genug, wenn das feine Farbmehl nur nach Farbe stinkt. Also entfernten wir das Holzfenster, dichteten das Fensterloch ab und überließen das Abschleifen dem armen Handwerker. Aber letzten Endes muss ich ehrlicherweise sagen: Vielleicht wäre es in dem Fall doch besser gewesen, wenn sie uns die Sache überlassen hätten.

Als wir uns eine Woche später wieder vor Ort trafen, war die Farbe an den Wänden größtenteils weg. Da hatte jemand geschliffen, und er hatte sich auch Mühe gegeben, aber überall hingen noch Reste. Auch die Decke war abgeschliffen worden, aber nur auf halber Stärke. Von den fünf Millimetern Kunststoffputz waren noch zweieinhalb dran. Der Geruch war da, als ob nichts passiert wäre. Gut, haben wir gedacht, vielleicht reicht's ja, damit die Chlorbleichlauge jetzt wirkt. Aber insgeheim habe ich mich geärgert. Ich kann so etwas nicht leiden, das geht mir gegen die Handwerkerehre. Wenn ich jemandem zusage, die Farbe zu entfernen, dann findet man hinterher nichts mehr und die Wand sieht aus, als wäre sie nie gestrichen gewesen, da bin ich Perfektionist. Und wenn wir die Farbe von der Wand gefräst hätten, hätten wir uns den nächsten Besuch wahrscheinlich auch sparen können. Wir behandelten Wand und Decke mit Chlorbleichlauge, ließen das Ganze einwirken, und als wir nach 14 Tagen wiederkamen, grüßte aus allen Ritzen der Leichenduft. »Gut«, sagte ich, »die Wände werden abgeschliffen, und diesmal bitte *ganz*. Und der Deckenverputz kommt auch runter. Nicht teilweise, nicht halbwegs, sondern *ganz*.«

Nach weiteren 14 Tagen hatte das mit den Wänden endlich geklappt. Das mit der Decke nicht. Die war zwar abgeschliffen, aber überall da, wo die Betonplatten aufeinanderstießen, war in den Ritzen ein dicker weißer Füllstreifen, ähnlich wie die Fugen zwischen Badezimmerfliesen. Und so zuverlässig wie die Farbreste war auch unser Freund, der Leichengeruch, zur Stelle. Wir erhöhten die Konzentration der Chlorbleichlauge und stellten weitere 14 Tage später wieder fest, dass es nichts geholfen hatte. Es hätte nicht viel gefehlt und ich hätte selbst die verdammten Ritzen zwischen den Betonplatten ausgeschabt. Ich ließ es dann aber doch den Handwerker machen. Es schien zu helfen, aber sicherheitshalber behandelten wir die Fugen anschließend mit Wasserstoffperoxid, in der Hoffnung, es würde irgendwie ein bisschen anders wirken.

Noch einmal 14 Tage später hatte der Spuk tatsächlich ein Ende. Ich hätte auch nicht mehr gewusst, was ich sonst noch hätte tun sollen. Ich hatte mein Pulver komplett verschossen, als Nächstes hätte ich allenfalls noch den Abriss empfehlen können. Obwohl: Ganz stimmt das nicht, eine Option hatten wir noch, aber die wäre fast genauso unbezahlbar gewesen.

Zuletzt hätte man die Wände noch thermisch behandeln können. Dabei nimmt man schwere Industrieheizlüfter, stellt sie in den abgedichteten Raum und erhitzt ihn auf 60 bis 80 Grad Celsius. Und wir reden hier nicht nur vom Raum, wir reden von den Wänden. Ein Zimmer auf Saunatemperatur zu bringen ist keine so große Kunst, aber die kompletten Wände so zu erhitzen, dass man auf ihnen eine Suppe kochen kann, dauert unglaublich lang, schluckt Unmengen von Energie und ist dementsprechend teuer. Mindestens 48 Stunden muss man die Hitze in den Wänden konstant hochhalten, das löst angeblich sämtliche Geruchsstoffe aus den Wänden, dann lüftet man und ist fertig und um einen hohen vierstelligen Betrag ärmer. Eine Garantie kann ich darauf allerdings nicht geben, ich hab's noch nie probiert. Oder probieren dürfen, rein fachlich gesehen, wäre ich daran schon interessiert.

Seit diesem Fall gehört die Frage nach der Nachbearbeitung zu meinem Standardrepertoire. Wenn sich am Fundort jemand zu schaffen gemacht hat, muss ich es wissen. Denn viele versprechen, sie hätten eine Super-trickkiste, der Maler, der Entrümpler, der Hausmeister, sie alle haben meistens irgendein Wundermittelchen im Keller, und das macht dann aus der Katastrophe eine zähe Angelegenheit. Das ist wie mit einem Fleck auf dem Anzug, wenn man den falsch behandelt, dann reibt man ihn so in den Stoff, dass ihn auch die chemische Reinigung nicht mehr entfernen kann.

21. Wer's zahlt

Lassen Sie uns über Geld reden. Es muss sein, wirklich, sonst machen wir uns gar nicht erst auf den Weg. Das ist ein unangenehmes Thema, aber wir machen auch eine unangenehme Arbeit. Das Komplizierte daran ist, dass niemand unsere Kosten bei einem Todesfall ins Kalkül zieht. Die Hinterbliebenen rechnen selbst in der schlimmsten Betroffenheits- und Trauerphase damit, dass eine Bestattung etwas kostet. Eine Tatortreinigung ist hingegen in der gängigen Lebens- und Sterbeplanung nicht vorgesehen. Ist ja auch logisch: Die Todesarten, die unseren Einsatz erfordern, kommen in einem normalen Lebenslauf nicht vor. Aber wenn wir erscheinen, müssen wir kurz nach dem Schicksalsschlag auch noch die Rechnung präsentieren. Oder den Kostenvoranschlag.

Rücksicht können wir nicht nehmen. Wenn man den Schmodder entsorgen soll, den wir entsorgen, dann mag man nicht auf Verdacht rausfahren, und man will auch nicht seinem Geld hinterherlaufen. Wir müssen schließlich auch unseren Ekel überwinden, selbst wenn wir nicht dauernd darüber reden – also sollte schon vorher feststehen, dass wir anständig dafür bezahlt werden und auch von wem und in welcher Form. Barzahlung wäre schön.

Ich habe mir das mit der Barzahlung als Schädlingsbekämpfer zur Regel gemacht. Ich hab's mir eben so angewöhnt, obwohl es vielleicht nicht sein müsste; nach einer Tatortreinigung habe ich noch nie Schwierigkeiten gehabt, an mein Geld zu kommen. In der Schädlingsbekämpfung sieht es jedoch ganz anders aus. Ich weiß nicht, woran das liegt.

Schließlich sind die meisten Menschen ja sehr froh, wenn wir kommen. Wespennester sind der klassische Fall. Man hat eines im Haus, unterm Dach, auf der Terrasse, in der Garage, da können wir nicht schnell genug kommen. Und kaum haben wir das Nest beseitigt, schreiben Auftrag und Rechnung, heißt es: Ja, ich hab grad kein Geld da. Obwohl wir natürlich schon beim Anruf sagen, was es kostet, das ist ja kein Geheimnis: etwa 85 Euro, später im Jahr, wenn die Nester größer sind, auch etwas mehr. Und dass wir gerne bar und sofort bezahlt werden möchten. Aber trotzdem, erst neulich wieder: kein Geld da. Das ist erstaunlich, weil die Menschen ohne Geld im Haus nicht mal eine Pizza für acht Euro bestellen würden – einen Schädlingsbekämpfer aber schon. Ich weiß auch nicht, was da manchmal in den Leuten vorgeht.

Ich sage dann gern: »Kein Problem, wenn Sie das Geld nicht parat haben, fahr ich Sie rasch zum Bankomat.« In dem Fall sagte der Kunde, schade, er sei Sozialhilfeempfänger. Dann sag ich: »Okay, dann überweisen Sie mir das Geld halt nach und nach, immer mal zehn Euro oder so.« Ich habe bis heute keinen Cent gesehen. Bitte, das soll man nicht falsch verstehen, ich sehe schon ein, dass 85 Euro für Menschen viel Geld sein können, aber wenigstens ein bisschen guten Willen zeigen, mal fünf Euro überweisen, das wäre nett gewesen. Ich hab ja seine Wespen auch mitgenommen.

Oder die Dame, die mitten im Januar nachts wegen ihrer Wespen anrief. Ich frage nach der Barzahlung, ja, sagt sie, alles kein Problem. Ich bin natürlich rausgefahren zu ihr in den Vorort im Münchner Norden; letztlich war dort nichts zu tun. Aber mitten in der Nacht fahre auch ich nicht begeistert durch die Gegend. Bis ich wieder daheim bin, ist es halb eins, ob mit Wespen oder ohne. Eine Rechnung musste ich also trotzdem stellen. Wie's ans Bezahlen geht, hat sie prompt kein Geld im Haus, gezahlt hat sie letztlich nie. Und sogar Hausverwaltungen sind keine Garantie fürs Bezahltwerden mehr. Für eine Verwaltung habe ich vier Wespennester entfernt, und dann ging die Verwaltung pleite. Also habe ich mich an den Hausbesitzer gewandt, und der sagte mir sehr freundlich, dass ihn meine Rechnungen einen Dreck angingen.

Interessanterweise hat exakt dieser Hausbesitzer ein Jahr später wegen eines Wespennests bei mir angerufen. Ich weiß nicht, was den geritten hat. Vielleicht hat er es auch nur vergessen. Oder er hat gedacht, ich hätte es vergessen. Warum auch nicht: Wir haben 1000 Einsätze pro Jahr, ich bin seit 20 Jahren im Geschäft. Und tatsächlich wird ja mein Gedächtnis oft überschätzt. Mich rufen manchmal Leute an und sagen:

»Hallo, Herr Anders, Sie waren doch neulich bei mir.«

Und ich sage dann jedes Mal:

»Ja, wann denn?«

»Vor zwei Jahren, wissen Sie das nicht mehr?«

»Gute Frau, das mag schon sein, und es ist ja auch schön, dass Sie uns in so angenehmer Erinnerung behalten haben, aber ich fahr 1000-mal im Jahr raus, da müssen Sie mir noch den einen oder anderen Anhaltspunkt zusätzlich geben.«

Aber unter diesen 20 000 Einsätzen vergesse ich natürlich den nicht, der mir vier Wespennester schuldet. Da hat's bei mir gleich geklingelt. Wir sind natürlich trotzdem rausgefahren. Und haben ihm das Fünffache berechnet.

Und er hat, das muss man anerkennen, klaglos bezahlt. Recht so, nächstes Mal kostet es dann auch wieder 85 Euro.

Bei den Tatortreinigungen könnte ich vermutlich auf Barzahlung verzichten, denn sobald erst einmal geklärt ist, wer für die Kosten aufkommt, hat es noch nie Schwierigkeiten mit der Bezahlung gegeben. Das ist manchmal eine langwierigere Verhandlungssache, die im Prinzip sogar recht einfach wäre, weil ja bei uns das Verursacherprinzip gilt. Dummerweise ist bei unserer Arbeit der Verursacher im Allgemeinen tot.

Nicht dass es in Deutschland nicht auch für diesen Fall eine Regel gäbe. In Deutschland ist alles geregelt, wenn auch nicht einheitlich – die höchstrichterliche Entscheidung steht da noch aus. Rechtlich sieht die Sache bislang meistens so aus, dass der Verursacher seine Verantwortung vererbt. Wenn er stirbt, dann erben die Erben alles, was er hinterlässt, inklusive seiner Hirnmasse an der Wand oder seiner Eingeweide auf dem Teppichboden. Aber hier trennt sich eben die Theorie von der Praxis: Was hat wohl einer, der vier Wochen auf einem Teppichboden vor sich hin modert, für eine Verwandtschaft? Hat er überhaupt noch eine? Kennt die ihn? Will die ihn kennen?

Vermutlich kümmern sich die Verwandten nicht um ihn und haben den Kontakt meist schon lange abgebrochen, entweder im Streit oder weil nichts zu holen ist. Oder er hat sich abgeschottet. Denn selbst in komplett zerrütteten Verhältnissen kann eine verheißungsvolle Erbschaft die Familienbindungen erstaunlich lange und intensiv aufrechterhalten. Aber wenn nur ein Hartz-IV-Satz monatlich eintrudelt und die Möbel besserer Sperrmüll sind, dann zeigt sich schnell, wie intakt die Familie wirklich ist. Und bei zahlreichen unserer Fälle bezweifle ich sogar, dass noch miteinander telefoniert wurde. Es kann gut sein, dass manchmal der Fleck in der Zimmermitte sogar das Erste ist, was viele seit langem von ihrem entfernten Verwandten zu sehen bekommen. Man kann kaum jemandem einen Vorwurf machen, wenn sich angesichts eines wimmelnden Klumpens mit Fliegenmaden die familiäre Verbundenheit nicht so recht einstellen will.

Wir sehen in solchen Fällen oft mitten in die Realität am unteren Rand der Gesellschaft, und der Anblick ist nicht schön, auch für uns nicht. Wohnungen, in denen Leichen lange liegen, sind selten sehr gepflegt oder gut aufgeräumt. Das sind Messie-Wohnungen, in denen sich der Müll stapelt, die seit Ewigkeiten weder gelüftet noch gereinigt worden sind und in denen oft weit mehr lebt als nur die Maden auf der Leiche des letzten Bewohners. Und wir reden hier aufgrund dieser langjährigen Verwahrlosung von erheblichen Reinigungskosten, die meistens höher sind als der Wert aller Gegenstände, die sich in der Wohnung befinden. Also wird das Erbe und damit auch der Auftrag häufig ausgeschlagen. Und damit wandert der Schwarze Peter weiter zum Besitzer der Wohnung oder des Hauses – bei dem er übrigens bei manchen Urteilen auch sofort, ohne Umweg über die Erben, landet.

Ich weiß nicht, ob man sich als Hausbesitzer gegen so etwas versichern kann. Ich glaube nicht. In jedem Fall versuchen viele, das Problem möglichst billig zu lösen, woraus man schließen kann, dass sie es wohl aus eigener Tasche bezahlen müssen. Billig heißt: Der Hausmeister soll's machen. Oder der Hausmeister kennt einen früheren weißrussischen Landwirtschaftsingenieur, der das jetzt für 50 Euro schwarz erledigt. Empfehlen kann ich das nicht, das ist weder gut für die Wohnung noch für die Nachbarn noch für den Hausmeister und für den früheren Ingenieur auch nicht. Niemand sollte so eine Arbeit machen, ohne vorher etwas geschult worden zu sein, in fachlicher und in mentaler Hinsicht. Diese Wohnungen können so starke Eindrücke hinterlassen, dass man an derart extreme Bilder gewöhnt sein sollte, weil man sie sonst oft wochen- und monatelang nicht mehr aus dem Kopf bekommt. Wird die Wohnung allerdings von einer größeren Hausverwaltung betreut, stellt die Bezahlung kein Problem dar. Hausverwaltungen sind an einer schnellen und nachhaltigen Beseitigung der Belastung interessiert – und letztlich ist schnelle Arbeit auch wiederum eine gute Werbung für deren unbürokratische Arbeit.

Am unangenehmsten ist es, wenn man die Frage des Geldes mit Hinterbliebenen erörtern muss, die eine engere Bindung an den Verstorbenen hatten. Es ist zum Beispiel nicht leicht, Eltern mitzuteilen, dass der Selbstmord ihres Kindes nicht nur tragisch ist, sondern auch teuer wird. Oder dass der Amoklauf des durchgeknallten Ehemanns nicht nur ein blutiges Nachspiel hat, sondern auch ein finanzielles. Wir sind es aus den Nachrichten gewohnt, dass bei Schicksalsschlägen wie Flutkatastrophen oder Großbränden oder Ernteausfällen der Staat hilft. In solchen Fällen tut er es nicht, jedenfalls nicht so automatisch, dass ich es mitbekäme. Mit einer Ausnahme: Bei sozial schwachen Fällen in und um München beteiligt sich manchmal die Diözese an den Kosten, was daher kommt, dass Vertreter der Diözese im Kriseninterventionsteam mitarbeiten und so über die jeweiligen Fälle informiert sind. Angenommen, der Mann einer Hartz-IV-Familie bringt sich um, dann kann die Familie aus ihrer Wohnung deshalb nicht ausziehen. In einem solchen Fall kommen wir den Hinterbliebenen mit dem Preis etwas entgegen, die Diözese springt ein, und mit vereinten Kräften geht das dann halbwegs. Aber wenn niemand hilft, bleiben die Kosten an den Hinterbliebenen hängen.

22. Gift

Unsere Giftkammer ist eigentlich nicht mein Lieblingsthema. Kein Schädlingsbekämpfer redet gerne davon, nicht, weil die Mittel so geheim wären, aber Gift ist nun mal Gift. Wir wissen, wie man die Mittel verantwortungsvoll einsetzt und wie man niemanden schädigt, und manches aus unserem Programm ist für den Menschen sogar völlig unschädlich. Aber es geht halt nicht immer ohne Chemie. Und auch bei der Tatortreinigung kann man auf Insektizide nicht verzichten.

Es geht ja schon mit dem ersten Schritt los. Wir haben eine lange liegende Leiche mit dem entsprechenden Fliegenbefall. Hunderte, Tausende Fliegen, und die hauen nicht ab, wenn man ein Fenster aufmacht, weil es draußen eben nicht so lecker nach Leiche riecht wie drinnen. Also müssen sie weg, sonst kann man überhaupt nicht arbeiten. Wir wählen meist PPBO FOG 150, mit dem Nebelautomat, was eigentlich nichts anderes ist als eine Sprühdose, auf die man nicht dauernd selbst drücken muss. Man stellt sie in die Zimmermitte, ein bisschen erhöht, auf einen Stuhl oder eine kleine Trittleiter, drückt drauf und verlässt den Raum. Man kann sagen, dass PPBO FOG 150 durchaus ein umweltfreundliches Insektizid ist.

Der Wirkstoff darin ist ein Pyrethrum-Extrakt, ein Sud aus Korbblütlern – also Blütenblättern, vor allem von Chrysanthemen, den Zierpflanzen, die viele in ihren Vorgärten haben. Das Wissen um seine Wirksamkeit ist nicht neu, das Mittel hat man schon in der Antike genutzt, sein größter Vorteil war damals aber auch sein größter Nachteil: Pyrethrum ist ein Kurzzeitinsektizid. Es lagert sich nirgends an und baut sich durch Sonnen- und Tageslicht von selbst ab – und deswegen konnten die alten Römer es nicht beliebig lagern und aufheben. Heute kann man es recht gut stabilisieren und den Vorteil nutzen: Von unserem PPBO FOG 150 ist nach spätestens 48 Stunden nichts mehr vorhanden, ohne dass jemand was abwaschen oder neutralisieren hätte müssen. Der Nachteil ist allerdings auch klar: Bei einem Eier legenden Schädling brauchen die Larven zum Schlüpfen meistens mehr als 48 Stunden, und wenn sie rauskommen, ist kein Insektizid mehr da. Aber bei der Tatortreinigung ist das zunächst nicht das Problem, sondern das Ziel ist, ein Umfeld zu bekommen, in dem man arbeiten kann, ohne dass man dauernd den Mund voller Fliegen hat. Und dafür sorgt das Pyrethrum, das einen sogenannten Knock-down-Effekt hat: Es ist ein Kontaktgift, das über die Gelenkspalten der Insekten in deren Körper eindringt, dort die Arbeit der Nervenzellen verhindert und so zu einer sofortigen und kompletten Lähmung der Atmung führt. Die gute Umweltverträglichkeit des Pyrethrum erkennt man auch daran, dass es allein angewendet vermutlich nicht helfen würde, weil es so rasch zerfällt, dass die Insekten sich durchaus noch erholen könnten. Deshalb mischt man Piperonylbutoxid bei, das zwar nicht giftig ist, aber die Wirkungszeit verlängert. Sonst wären die Fliegen nach einer halben Stunde wieder fit.

Aber Bio hin oder her: Eine toxische Wirkung hat Pyrethrum auch beim Menschen, es kann zu Kribbeln, Hautreizungen, Übelkeit oder auch Krampfanfällen führen. Weshalb wir solche Insektizide ausschließlich mit Atemschutzmaske und Overall versprühen – Pyrethrum ist ein Kontaktgift und wird auch über die Haut aufgenommen. Für uns wäre es natürlich nicht tödlich, aber bei einer entsprechend hohen Dosierung könnte es durchaus zu Vergiftungssymptomen kommen.

Unsere Vordesinfektion machen wir mit Kohrsolin, einem Mittel, das selbst kein Gift ist, aber natürlich auch ein Gefahrstoff. Kohrsolin ist ein Markenname, die Wirkstoffe darin sind Glutaral und Didecyl- und Alkyl-Dimethylammoniumchlorid – Zutaten, die schnell reagieren. Das Prinzip ist dabei so ähnlich wie bei der Geruchsbekämpfung: So, wie man dort die Moleküle zerlegt, tötet auch ein Desinfektionsmittel Bakterien, Viren oder Pilze – indem es sie zur Reaktion zwingt. Dazu braucht es eine gewisse Einwirkzeit, aber die lässt sich durch die Mischung der Desinfektionslösung steuern. Stärkere Lösung wirkt schneller, schwächere braucht mehr Zeit. Und wenn wir die Wohnung dann nicht komplett bis auf den Estrich ausgeräumt haben, also Teile der Einrichtung erhalten können, müssen wir sie bei lange liegenden Leichen mit einem zweiten Besuch nachbehandeln. Denn man kann (wie bereits erwähnt) nicht gleichzeitig den Geruch und die Viecher beseitigen. Die Geruchsbekämpfer Chlorbleichlauge und Wasserstoffperoxid zersetzen alle Insektizide. Also muss man sich überlegen, was man zuerst macht, und da ist das Beseitigen des Geruchs allemal wichtiger als das Entfernen der Tiere.

Beim zweiten Besuch geht es um die Maden und die Käferlarven. Zwei Wochen sollte man sicherheitshalber warten. Nicht, dass die Geruchsbekämpfer so lange aktiv sind, aber Insektizide sind wahnsinnig teuer. Für ein Fraßgel wie Maxforce oder Goliath Gel, das man gegen Ameisen und Schaben einsetzt, zahlt man pro 35 Gramm 50 Euro netto, ohne Mehrwertsteuer. Über 100 Euro kostet der Liter Bi-Mic CS, eines unserer Standardmittel. Und wenn man es dem Kunden auf die Rechnung schreibt, kann der auch verlangen, dass es wirkt.

Gegen unseren Speckkäfer wäre eine Spritzbehandlung mit Bi-Mic meine erste Wahl. Bi-Mic ist ein enorm wirksames, aber nicht ganz unproblematisches Insektizid mit dem Wirkstoff Bifenthrin. Früher hat man es in der Landwirtschaft verwendet, heute darf man es nicht mehr – zu Recht, es kann auch für Menschen gefährlich werden, weshalb wir zur mikroverkapselten Variante greifen. Dabei ist jedes Wirkstoffteil mit einer Hülle umgeben, die verhindert, dass der Wirkstoff an die Raumluft abgegeben wird. Was jedoch nicht verhindert wird, ist die Aufnahme des Nervengifts, wenn ein Speckkäfer vorbeikommt. Wobei sich sofort die Frage stellt: Was passiert mit den Speckkäfern, die nicht vorbeikommen?

Für diese kombinieren wir noch ein Kontaktinsektizid dazu, das sofort wirkt, ein Mittel mit Knock-down-Effekt. Das ist keineswegs blinder Aktionismus, um dem Kunden ein paar Käferleichen präsentieren zu können. Ohne sofortige Wirkung können die Käfer noch mehrere Tage lang Eier legen, deren Larven möglicherweise erst dann schlüpfen, wenn die Wirkung des Langzeit-Insektizids bereits abgeklungen ist. Insekteneier haben

195

eine Wachsschicht, die sie gegen Insektizide unempfindlich macht. In dem Fall füge ich eine Vernebelung mit einem Insektizid wie Pyrethrin dazu, im Innenbereich Aquapy, da kostet der Liter übrigens auch wieder 120 Euro.

Das heißt nicht, dass wir versprühen, was uns in die Finger kommt, die Branche hat sich in den letzten Jahren enorm gewandelt. Wir sind gesetzlich verpflichtet, vor jedem Einsatz von Wirkstoffen zu prüfen, ob wir nicht statt des zunächst erwogenen Mittels ein umweltverträglicheres nehmen können. Wir werden niemals prophylaktisch tätig – das dürfen wir nicht und wollen wir auch nicht. Wir streuen kein Insektizid aus nur für den Fall, dass mal ein Schädling vorbeikommt – obwohl wir öfter, als man glaubt, von unseren Kunden darum gebeten werden. Wer einmal ein Wespennest im Rollokasten gehabt hat, fragt gerne mal nach, ob man denn den Kasten nach der Wespenbekämpfung nicht vorbeugend mit etwas bestücken könnte …? Unsere Antwort ist immer gleich: Wir verwenden so wenig wie möglich und so viel wie nötig – und wo nichts ist, da ist auch nichts nötig. Und das ist nicht nur irgendeine Marketing-Masche. Das Prinzip zieht sich konsequent durch unsere ganze Arbeit. Nehmen wir zum Beispiel den Fall mit dem Selbstmord des 15-jährigen Schülers, bei dem wir den Keller mit Spachteln saubergekratzt haben, die einen Plastikgriff haben. Die Wahl des Griffes ist ein Beispiel für unsere Arbeit nach dem HACCP-Konzept. HACCP steht für »Hazard Analysis and Critical Control Points«, zu deutsch: »Gefahrenanalyse und entscheidende Kontrollpunkte«, nach dem man Schritt für Schritt

mögliche Gefahren (wie Holzgriffe bei blutverschmierten Spachteln) erkennt und festlegt, wie man sie elimi-
niert. Das Prinzip hat sich 1959 erstmals bewährt, als
die NASA damit für ihre Astronauten hundertprozen-
tig sichere Weltraumnahrung entwickeln ließ. Heute ist
es für viele Bereiche in aller Welt verbindlich, und in
Deutschland eben auch für seriöse Schädlingsbekämpfer. So wie wir uns Gedanken um den besten Griff machen, knobeln wir auch um den effektivsten und damit
sparsamsten Insektizideinsatz.

Noch eins: Wer in unserem Gewerbe etwas auf sich
hält, hat gelernt, Schadstoffe vorsichtig einzusetzen, um-
weltbelastende Wirkstoffe durch schonendere zu erset-
zen. Dazu gehört auch, jeweils die neuesten Generationen zu verwenden. Wir haben gerade erst auf ein neues
Bettwanzenmittel umgestellt, obwohl das alte noch tadellos funktioniert hat. Nur mit den jeweils neuesten
Mitteln kann ich auch Wirksamkeit bei gleichzeitig
geringstmöglichem Insektizideinsatz garantieren. Das
ist wichtig, denn es gibt Anbieter, die uralte Restbestände versprühen, obwohl die dazugehörenden Schädlinge
dagegen längst resistent geworden sind. Es sind noch
immer Rattengifte der ersten Generation im Umlauf, die
früher im Supermarkt verkauft worden sind. Die Bau-
ern haben diese Gifte eingekauft wie Schweinefutter und
entsprechend bedenkenlos haben sie es auch massenweise eingesetzt, ohne zu wissen, dass man hier radikal
vorgehen muss. Wenn man mit so etwas anfängt, muss
man die gesamte Population erwischen, wenn man zu
früh wieder aufhört, dann züchtet man nur Resisten-
zen. Ein weiteres Problem war, dass die Tiere Mittel der

ersten Generation zweimal fressen mussten, damit sie wirkten – weshalb es doppelt ungünstig war, wenn man zu früh das Ausbringen eingestellt hat. Die Folge ist, dass man heute die Mittel der ersten Generation überhaupt nicht mehr auszulegen braucht, das kann man sich sparen, die Ratten fressen es inzwischen wie Kartoffelchips. Sie werden darum auch in meiner Firma kaum ein Mittel finden, das älter ist als drei Jahre, mit Ausnahme der Mäuseschlagfallen, die heute noch so zuverlässig funktionieren wie in 60 Jahre alten Tom-und-Jerry-Trickfilmen.

23. Auf kleiner Flamme

Niemand weiß genau, was nach dem Tod kommt – aber selbst vielen Menschen, die felsenfest vom großen Nichts nach dem Leben ausgehen, ist der Gedanke unangenehm, nach ihrem Ende lange irgendwo herumzuliegen. Wer das verhindern möchte, hat im Grunde nicht viele Alternativen: Er braucht Familie und Freunde, braucht soziale Kontakte, selbst wenn es sich nicht um Freunde handelt – wer täglich morgens bei seinem Bäcker zwei Brötchen kauft, hat eine realistische Chance, dass der Bäcker stutzig wird, wenn man zwei Tage lang nicht erscheint. Übrigens kann man, wenn man Stammkunde und älter ist, durchaus dem Bäcker seines Vertrauens sagen: »Bitte rufen Sie hier und da an, wenn ich mal drei Tage nicht kommen sollte.« Insofern hatte der 52-Jährige eigentlich alles richtig gemacht.

Er hat eine Einliegerwohnung gemietet, im Souterrain eines Einfamilienhauses, bei einer alleinstehenden Frau. Sie wohnt im Erdgeschoss, im Obergeschoss lebt ein weiterer Mieter. Und das Haus war ideal für den 52-Jährigen. Er war Wissenschaftler, Mathematiker oder Physiker, er lebte zurückgezogen und arbeitete viel von zu Hause aus. Er war ein wenig verschroben, ein wenig kauzig und letzten Endes prädestiniert für ein Leben in einer wissenschaftlichen Wohnhöhle, und in einem großen Hochhaus hätte ihn wohl nie ein Mensch zu Gesicht bekommen. Aber in diesem Häuschen kannten sich eben alle Parteien und noch besser: Sie verstanden sich gut. Auch wenn man die anderen nicht jeden Tag sah, wusste man doch ungefähr, wie es ihnen ging, weil der Briefkasten geleert war oder man jemanden den ganzen Tag niesen hörte. Gelegentlich begegnete man sich auf dem Weg zur Sauna im Keller, die alle mitbenutzen durften. Und einmal pro Woche wurde gemeinsam gegessen. Jeder war mit Kochen dran, samstags war der feste Termin, und die Gastgeberrolle wechselte sich ab. An dem Samstag, als sich die Runde das letzte Mal traf, kochte die Vermieterin. Es gab Ente. Und alle waren da, nur einer nicht: der 52-Jährige aus dem Souterrain.

Verdächtig war das nicht, nur ein bisschen unhöflich. Schließlich hatte die Vermieterin an den Abenden zuvor bei ihm Licht gesehen, sie hatte seinen Fernseher gehört, er war also zweifellos zu Hause. Daher ging sie nach unten, um ihn zu holen. Sie klingelte an seiner Tür, aber er öffnete nicht. Der Fernseher lief noch immer, das Licht schien unter der Tür hindurch, er musste also da sein. Gut möglich, dass er kurz nach draußen gegangen war. Oder in die Sauna und gerade duschte. Das ließ sich ja leicht überprüfen: War die Sauna noch warm, hatte er sie gerade benutzt und es konnte nur noch wenige Minuten dauern, bis er mit nassen Haaren zum Essen kommen würde. Also ging die Vermieterin hinüber in den großen gefliesten Raum, in den die Sauna eingebaut war. Als Erstes nahm sie sich vor, ihren Mieter daran zu erinnern, dass er doch die Sauna ausschalten sollte, sobald er fertig war – sie verbraucht schließlich Strom. Dann sah sie durch das quadratische Glasfenster in der Holztür und rief den Notarzt.

Ich weiß nicht, was sie durch das Glasfenster gesehen hat. Sie wollte verständlicherweise nicht darüber reden. Fest steht, dass sie heute wohl nicht mehr den Notarzt rufen würde. Es war auch für Laien deutlich zu sehen, dass ein Notarzt wenig tun konnte. Der Mann lag nicht erst seit zehn Minuten da. Die Rekonstruktion seiner Telefonate ergab, dass er sein letztes Gespräch am Abend des vorherigen Donnerstags mit dem Hinweis beendet hatte, er ginge jetzt in die Sauna. Dort war er gestorben, entweder an einem Herzanfall oder weil er bewusstlos geworden war, was durch Unterzuckerung passieren kann. Der Saunaofen hatte sich in der gesamten Zeit nicht abgeschaltet. Der Mann lang dort seit 48 Stunden bei schätzungsweise 95 Grad.

Die Tochter der Vermieterin hat dann uns gerufen. Der Tote war natürlich längst abtransportiert worden. Was Hardy und ich beim Eintreffen vorfanden, war vor allem eines: schmierig. Die Terrakottafliesen vor der Sauna waren mit einem dunklen Schmierfilm überzogen. Hier hatte man die Leiche offenbar vor dem Abtransport nochmals abgelegt. Durch die geöffnete Saunatür sahen wir die drei ansteigenden Stufen der Holzbänke. Auf der obersten Stufe lag ein blaues Strandtuch. Auf der Stufe darunter ein verrutschtes grünes Handtuch. Die unbehandelten Holzleisten waren schmierig und teilweise dunkel angelaufen. Die unterste Stufe sah genauso aus, mit einigen Spritzern, die Blut sein konnten. Vor den Stufen lag ein zusammengeknülltes riesiges Strandlaken. Es war weiß, jedenfalls noch an einigen Stellen. Und falls es noch einen Beleg brauchte für das, was passiert war, dann war er mit dem

Strandtuch geliefert. Es war speckig, mit Fett vollgesogen wie Butterbrotpapier.

Es ist auch für uns immer wieder verblüffend, wie wenig Unterschied rein verwesungstechnisch zwischen Mensch und Tier besteht. Der Tote hatte offenbar wenig bis nicht geblutet. Aber die Hitze hatte das Fett aus dem Unterhautgewebe gelöst wie bei einem Gänsebraten. Was sich in dem weißen Strandtuch befand, war schieres Fett, das weitergetropft war bis auf den Boden unter den Bänken. Dort hatte es sich an der Wand angesammelt. Das einzig Rätselhafte war die seltsame Position der Leiche. Man konnte sie an den Flecken ablesen, aber sie wirkte seltsam unnatürlich. Bis mir die Sache mit der Niedrigtemperaturmethode einfiel.

Ich bin kein großer Koch, aber ein Bekannter hat mir davon erzählt. Er schwört bei seiner Weihnachtsgans darauf. Sie funktioniert im Wesentlichen so, dass man die Gans erheblich länger im Ofen lässt als üblicherweise, sie dafür aber nicht bei 200 Grad Celsius, sondern stundenlang bei Temperaturen gart, die zwischen 80 und 95 Grad liegen – ziemlich exakt den Temperaturen in einer Sauna. Der Sinn der Sache ist der, dass die Gans dadurch offenbar vollkommen mürbe wird. Während man auf die herkömmliche Art oft einen goldbraunen, aber zähen Vogel produziert, sagt mein Bekannter, zerfiele nach wenigen Stunden die Niedrigtemperatur-Gans in einzelne Teile. Zum Zerlegen bräuchte man häufig kein Messer mehr. Das Fleisch fiele von den Knochen, Keule und Flügel lösten sich aus den Gelenkpfannen praktisch ganz von selbst. Exakt das war mit dem 52-Jährigen nach 48 Stunden geschehen. Die Dauerhitze zerkocht alles, was dem Körper Halt verleiht. Man konnte annehmen, dass die Bestatter mit dem weißen Handtuch versucht hatten, möglichst viel von der Leiche in einem Schwung auf einmal nach außen zu bringen. Anschließend hatten sie das Handtuch zusammengeknüllt und in der verschlossenen Sauna entsorgt, damit die Hausbewohner nicht als Erstes beim Betreten des Raumes auf das fettgetränkte Tuch stießen.

Wir schlüpften in unsere Overalls. Der Geruch war erstaunlich erträglich. Er hatte sich mit dem typischen Saunageruch vermischt, Schweiß, Holz, Feuchtigkeit, dazu die ätherischen Öle, die man manchmal in den Aufguss rührt. Es war nicht angenehm, aber nachdem ich gehört hatte, was passiert war, hatte ich Schlimmeres erwartet. Wir desinfizierten zuerst den Vorraum. Dann entfernten wir mit Chlorbleichlauge den Lagerungsfleck, um das Fett nicht ständig mit den Schuhen im ganzen Haus zu verteilen. Es ging erfreulich problemlos. Anschließend widmeten wir uns der Sauna selbst. Wir desinfizierten sie gründlich mit Kohrsolin, bevor wir zunächst begannen, die Handtücher einzusammeln und in Plastiksäcken zu entsorgen. Dann begannen wir die Sauna abzubauen.

Es war eine üble Arbeit. Ich bin kein Saunafan, durch diesen Fall sogar noch weniger, daher fehlt mir der Vergleich, ob und wie man Saunas zusammenschraubt. Ich hätte jedenfalls viel für Schrauben gegeben, aber aus mir unerfindlichen Gründen war diese Sauna zusammengenagelt worden, und das sehr liebevoll. Das bedeutete, dass ich mit dem Nageleisen die Bretter einzeln auseinanderhebeln musste, was im Overall und mit der Vollmaske eine unglaublich schweißtreibende Aufgabe war. Stück für Stück reichte ich Hardy die langen Bretter hinaus, der sie dann einzeln nach oben schleppte. Dazu kamen kleinere Berge voll Dichtungswolle. Mit jedem schwindenden Brett zeigte sich dabei immer deutlicher, dass die Saunatemperatur Vorzüge und Nachteile gehabt hatte.

Der Vorzug war: Tatsächlich war nichts eingebrannt. Das Fett und die Körperflüssigkeit waren zwischen den Brettern wie von einem Rost auf den Boden darunter getropft, aber sie waren nicht hart geworden – dazu war es nicht heiß genug gewesen. Andererseits bestand durch die Tatsache, dass das Fett mehr oder weniger flüssig geblieben war, der Verdacht, dass es in die Fugen zwischen den Fliesen eingedrungen war. Also überzeugte ich die Vermieterin, dass es den Versuch wert war, ein oder zwei Fliesen vom Boden loszubrechen.

»Ist das wirklich nötig?«, fragte sie. »Ich meine, das sind doch Fliesen, die sind doch dicht!«

»Die Fliesen schon«, sagte ich, »aber die Fugen nicht. Jedenfalls nicht so dicht, wie Sie sich das vorstellen. Und wenn wir Pech haben, müssen wir nächste Woche wiederkommen, weil der Geruch noch da ist.«

Inzwischen hatten sich die Hinweise verdichtet, dass die Fliesen wegmussten: Nachdem wir alle Bretter entfernt hatten, stellten wir fest, dass der Estrich unten an den Bodenleisten handwerklich solide mit Teerpappe abgedichtet worden war. Auch das hatte unterschiedliche Folgen: Es hatte natürlich verhindert, dass das Fett in die Wand eingedrungen war. Zugleich hatte es aber dafür gesorgt, dass immer eine große Fettpfütze auf den Fliesen stehen blieb. Aller Erfahrung nach muss-te es durch die Fugen gedrungen sein. Wir holten also den Bohrmeißel aus dem Wagen und stemmten müh-sam den Boden auf. Schon nach den ersten Terrakotta-fliesen zeigte sich, dass wir Recht gehabt hatten.

Auf dem Estrich war ein perfektes Muster entstan-den. Überall, wo Fliesen gewesen waren, war der Est-rich sauber. Die Fugen hingegen hatten um jedes Flie-senrechteck eine dunkle Fettlinie entstehen lassen. Und weil diese Linie breiter war als die Fuge selbst, konnte man sehen, dass der Estrich darunter das Fett löschblatt-artig aufgesaugt hatte. Wir würden also nach den Flie-sen auch noch mindestens eine Schicht Estrich abtragen müssen. Stück für Stück brachen wir die Fliesen aus dem Boden, so lange, bis darunter kein Fett mehr auftauchte. Danach kam der Estrich an die Reihe.

Letzten Endes stellte sich heraus, dass es genügte, die fettigen Linien aus dem Boden zu stemmen. Es war zwar erstaunlich, wie weit die Körperflüssigkeit in nur 48 Stunden gedrungen war, aber es waren eben doch nur 48 Stunden gewesen – wir mussten nicht sehr tief gehen. Zudem war der Boden vergleichsweise dankbar, da hat-te ich schon an übleren Estrichen herumgekratzt. Nach sieben Stunden waren wir fertig. Wir sammelten den Schutt in einem Plastiksack ein. Die Wände schrubbten wir noch einmal mit Chlorbleichlauge ab, den Boden si-cherheitshalber mit Wasserstoffperoxid. Zum Abschluss reinigten wir den Vorraum, das war's.

Eigentlich.

Bis der Mieter von der Wohnung unterm Dach kam und sich über Geruchsbelästigung beschwerte. Gut, sein

Fenster war über dem Fenster des Saunaraums. Dass es in seiner Wohnung riechen würde, konnten wir uns trotzdem nicht so recht vorstellen. Aber auch damit muss man rechnen. Wenn Menschen erfahren, dass andere Menschen auf ungewöhnliche Weise sterben, reagieren sie natürlich nicht immer völlig rational. Und da kann man sich natürlich hinstellen und sagen: Ach, den Geruch hat der Mieter sich nur eingebildet. Aber so einfach ist es eben nicht – der Geruch ist für den Mieter in diesem Moment absolut real. Und wir selbst konnten es nicht wirklich beurteilen: Wir waren in der Sauna gewesen, einen leichten Geruch konnten wir unmöglich noch herausfiltern. Wir haben dann mit einer Dose Geruchsüberdecker gearbeitet, und das scheint genügt zu haben – jedenfalls sind wir nicht zur Nachbearbeitung gerufen worden.

24. Sterben

Weiß ich mehr über den Tod als andere Menschen? Ein bisschen schon, denke ich. Über meine Arbeit bei der Feuerwehr und als Tatortreiniger bekomme ich zumindest einen ziemlich breit gefächerten Einblick in die Umstände des Todes, und vor allem sehe ich die Seiten, von denen man sonst nur wenig erfährt. Wie malt sich denn der Normalverbraucher seinen Tod aus, wenn er einmal darüber nachdenkt? So, wie er ihn in seinem Umfeld wahrnimmt.

Das heißt, die außergewöhnlichen Varianten scheiden natürlich aus: ermordet zu werden, beispielsweise. Aber sonst ist vieles denkbar: ein Unfall, ein Autounfall sowieso, eine schwere Krankheit. Man stirbt im Krankenhaus oder im Altersheim, vielleicht auch zu Hause im eigenen Bett im Beisein des Partners, im Kreise der Familie oder von Menschen, die helfen oder trösten können. Doch die Toten, die meine Kollegen und ich sehen, haben vor allem eines gemeinsam: Sie sind allein gestorben. Und das sind in München in jedem Jahr immerhin rund 400 Personen nur im Stadtgebiet, den Landkreis noch gar nicht eingerechnet.

Etwa die Hälfte von ihnen hat es so gewollt: Die rund 200 Selbstmörder legen großen Wert aufs Alleinsein. Das fällt nur manchmal nicht so auf, wegen der gewählten Todesart. Es gibt eine Brücke in München, die für Todessprünge bevorzugt gewählt wird, trotz aller

Sicherungsmaßnahmen, da ist es nicht so wichtig, ob jemand in der Nähe ist oder nicht. Ich kenne auch einen Münchner Hochhauskomplex, aus dem sich in den letzten Jahren fünf Menschen in den Tod gestürzt haben. Zu verhindern ist auch das nicht, diese Menschen sind nicht aufs Dach gestiegen, sie sind einfach in ihren Wohnungen aufs Balkongeländer geklettert und gesprungen, und man sieht einem Mieter eben nicht an, ob er sich die Wohnung vielleicht extra dafür aussucht. Auch wer eine andere Todesart für sich gewählt hat legt Wert darauf, dass er ungestört ist. Ich komme öfter in Selbstmord-Wohnungen, in denen alle Türen zu sind, erst neulich wieder.

Der ehemalige Lebensgefährte einer Frau hatte uns alarmiert, er wohnte in der Nähe seiner früheren Freundin und sah, dass mittags um zwei die Jalousien noch immer unten waren. Weil sie depressiv war, rief er die Feuerwehr, und wir rückten an. Wir klingeln in solchen Fällen immer, dann hämmern wir mit den Fäusten gegen die Tür, das dröhnt brutal. Falls jemand zu Hause ist, überhört er das nur, wenn er absolut stocktaub ist. Häufig genug wird dann die Tür geöffnet, aber in diesem Fall passierte das nicht. Also brachen wir das Schloss auf und ich ging rein. Die Tür zum Flur war zu. Die zum Wohnzimmer auch, die zum Bad, zur Toilette, jeder Schrank ebenfalls, die Jalousien waren unten. Da hatte jemand im wahrsten Sinne des Wortes mit dem Leben abgeschlossen. Ich fand die Frau im völlig verdunkelten Schlafzimmer, man sah ihre Umrisse unter der Bettdecke, die sie sich auch noch über den Kopf gezogen hatte. Neben dem Bett standen die leeren Behälter mit allen Antidepressiva, die sie im Haus hatte. Ich zog die Decke zurück, sah die Leichenflecken, die sich nicht mehr wegdrücken ließen, die Leichenstarre hatte eingesetzt, da war nichts mehr zu machen. Mehr als diese Frau konnte man sich eigentlich kaum noch verkriechen. Und der Gedankengang ist zumindest nachvollziehbar: Wer sein Leben so unerträglich findet, der will wohl wirklich nicht, dass einem jemand im letzten Moment noch den Magen auspumpt.

Seltsamerweise bedeutet der Wunsch nach Einsamkeit keineswegs immer Desinteresse an der Umwelt. Nie war das für mich deutlicher zu erkennen als damals, als wir bei einer Wohnungsöffnung innen als Erstes auf ein Schild stießen: »Achtung, Vergiftungsgefahr! Explosionsgefahr!«

Wir haben sofort Messgeräte hinzugezogen. Wir wussten überhaupt nicht, was uns erwartet. Eine Bombe? Eine Schlange? Aber die Geräte zeigten erstens einen gewissen Sauerstoffmangel in der Wohnung und zweitens einen erhöhten Kohlenmonoxidgehalt. Es handelte sich also offenbar um Gas, weshalb ich mir dann ein Atemschutzgerät umhängte und damit relativ gut gesichert nach dem Selbstmörder suchen konnte. Im Wohnzimmer fand ich nichts. Doch im Schlafzimmer wurde ich fündig.

Der Mann war 49 Jahre alt. Er lag in seinem Bett, und um sein Bett herum hatte er ein Holzgestell gezimmert, das sah etwa so aus wie ein Himmelbett. Dieses Gestell hatte er mit einer dicken, durchsichtigen, dicht schließenden Plastikplane verkleidet. Und unter diese Plane, direkt neben das Bett, hatte er einen Holzkohlengrill mit glühenden, nicht brennenden Kohlen geschoben. Dann hatte er sich ins Bett gelegt. Der Grill hatte den Sauerstoff verbraucht, wegen der Glut und der unvollständigen Verbrennung aber auch das giftige und zugleich hoch explosive Kohlenmonoxid erzeugt. Der Mann war erstickt und hatte sich parallel dazu auch vergiftet. Und da er niemandem schaden wollte, hatte er beschlossen, seine Finder auf beides hinzuweisen. Daran kann man sehen, wie viel Arbeit und Planung und Knobelei oft hinter Selbstmorden steckt. Er hatte sich überlegt, was passieren würde, wenn man ihn entdeckt, er hatte sich die Todesart ausgesucht, er hatte dieses Gestell gebaut – das ist fast schon generalstabsmäßig vorbereitet. Da muss einer vorher in den Baumarkt gehen, er muss sich überlegen, wo er das Schild hinstellt, denn sicherer für die Leute um ihn herum wäre es ja, wenn er es an der Wohnungstür außen hinhängt, aber dann würde er wiederum zu früh entdeckt. Wobei der Zufall natürlich alles zunichtemachen kann. Bei einer Selbstmörderin hätten wir fast noch helfen können.

Es handelte sich um ein junges Mädchen, 23 Jahre alt, und der Nachbar rief uns genervt an, weil es seit Stunden aus ihrer Wohnung brummte. Wir hämmerten an die Tür, klingelten, sahen durchs Wohnungsfenster und öffneten dann die Tür. Wir fanden sie im Badezimmer. Sie hatte sich zuerst Adern und Venen geöffnet, sie hatte sich dazu die Arme in der Beuge auf einer streichholzbriefgroßen Fläche richtiggehend gehäutet. Und dann hatte sie sich am Siphon, an dem Überlauf, der bei alten Wohnungen noch oft oben in einer Badezimmerecke ist, aufgehängt. Doch das Sterben musste sich ziemlich

langsam und qualvoll hingezogen haben, jedenfalls hatte sie im Todeskampf die elektrische Zahnbürste umge-
stoßen, die ansprang und auf dem geschlossenen Toilettendeckel landete. Und die geschlossene Toilette hatte
einen dröhnenden Resonanzkörper abgegeben – daher
war das Brummen gekommen.

Es gibt noch eine zweite Gruppe von Toten, die zwar
das Alleinsein gesucht hat, aber der Unterschied ist: Die
wollten garantiert nicht sterben, die wollten nur Sex. Das
sagt sich ja immer so schön: Ich will mal in den Armen
einer schönen Frau sterben. Aber die Wahrheit sieht anders aus. Erstens soll man sich so etwas nicht wünschen,
weil solch ein Erlebnis den Partner traumatisieren kann
und er Sex dann wohl für eine ganze Zeit lang sicher irgendwie seltsam finden dürfte. Zweitens aber, wer beim
Sex stirbt, stirbt übrigens in 99 Prozent der Fälle allein –
beim Masturbieren, das heißt, bei einer seiner vielen Varianten, vorzugsweise der Atemnotvariante.

Es gibt Menschen, die Gefallen daran finden, beim
Sex kaum Luft zu bekommen, weil dies angeblich den
Orgasmus intensivieren soll. Ich kann es nicht bestätigen, ich hab's nie probiert und käme auch niemals auf
die Idee. Ich habe einmal beim Tauchunterricht Atemnot unter der Tauchermaske gehabt, als der Lungenautomat ausfiel, das war nur verdammt beklemmend
und sonst nichts. Aber manche mögen es offenbar. Sie
ziehen sich Plastiktüten über den Kopf, so, wie man es
kleinen Kindern verbietet, und sie denken, sie kämen
schon noch rechtzeitig dazu, die Tüte wieder abzuneh-
men. Aber das ist gar nicht so leicht, weil sie ja per-
manent mit dieser Grenze zur Bewusstlosigkeit spie-

len. Sobald man das Bewusstsein verliert, erstickt man sehr schnell, was nicht daran liegt, dass keine Luft unter die Tüte käme, sondern dass man das Plastik mit dem Mund ansaugt. Und dann ist die Sauerstoffversorgung endgültig unterbunden. Der bewusstlose Körper atmet verzweifelt, aber saugt die Tüte immer fester an, und das war's. Da hilft's dann auch nicht, wenn die ganz Schlauen kleine Löcher in die Tüte schneiden, sobald das Plastik erst mal den Mund verschließt, kann nur noch jemand helfen, der einem die Tüte vom Kopf zieht. Bloß haben die Opfer nie jemanden dabei, weil sie entweder Singles sind oder es ihnen peinlich ist, ihrem Partner zu sagen, dass sie beim Sex gerne Plastiktüten auf dem Kopf haben. Nachdem wir aber relativ viele Opfer auffinden, die auf diese Weise erstickt sind, kann ich nur sagen: Der Wunsch ist nicht so ungewöhnlich, wie er klingt. Wer diesen Fetisch hat, ist vielleicht ein wenig wunderlich, aber damit nicht allein, er kann sich seinem Partner ruhig anvertrauen, und wenn der einen liebt, setzt er sich vielleicht hin und wieder daneben und passt auf, dass einem nichts passiert. Besser als allein zu ersticken ist das allemal. Und statt der Tüte eine Gasmaske zu nehmen und dann den Luftfilter zu verschließen, ist auch keine Lösung. Immer wieder finden wir Menschen, die dabei ums Leben gekommen sind. Erst kürzlich haben wir eine Wohnung geöffnet, deren Bewohner allerdings nicht aus erotischen Gründen, sondern aus selbstmörderischen Gründen die Tauchermaske aufgesetzt und Betäubungsmittel dazu geschluckt hat – irgendwann war der Lungenautomat leer und der Körper hatte in seiner Atemnot das Gesicht an das Glas der Atemmaske gesaugt. Die Glubschaugen des Toten in der Maske sahen ziemlich gespenstisch aus. Die bizarrste Variante des Todes, die mir im Zusammenhang mit sexuellen Motiven untergekommen ist, hatte allerdings nichts mit Atemnot zu tun, wohl aber mit Strangulieren.

Ein Mann hatte sich ins Auto gesetzt, seinen Penis kunstvoll verschnürt und die Verschnürung mit dem Lenkrad verknotet. Ich weiß nicht, was der besondere Reiz daran gewesen ist, funktioniert hat es wenigstens teilweise, allerdings hat er beim Orgasmus das Lenkrad verrissen und ist in den Gegenverkehr gerauscht. Den anderen Autofahrern ist ausnahmsweise mal nichts passiert, Gott sei Dank, er selbst allerdings war sofort tot, und wir haben große Augen gemacht, als wir ihn aus seinem Fahrzeugwrack rausgeholt haben.

Aber wir haben noch nicht von der zweiten Gruppe gesprochen, von jenen 200 Menschen im Jahr, die allein sterben und tot geborgen werden, obwohl sie es weder geplant noch je so gewollt haben. Das sind alte Menschen, einsame Menschen, die sich von der Gesellschaft absondern und vielleicht auch von der Gesellschaft aussortiert wurden. Alkoholkranke, die verzweifelt in ihre Schränke schreiben: »Das Schlimmste ist die Sucht.« Menschen, die sich für ihre Wohnung schämen, ihre Armut, für ihre Krankheiten, für alles Mögliche. Sie sterben auf der Couch vor dem Fernseher, sie brechen in ihrer Wohnung zusammen und bleiben hilflos liegen, sie fallen in der Küche vor dem Kühlschrank tot um, sie sterben im Bett. In den besten Fällen geht das schnell, aber die Lebensumstände sind so ziemlich das Deprimierendste, was man sich vorstellen kann, und ich habe mir fest vorgenommen, jetzt schon alles zu tun, um nicht eines Tages auf diese Art sterben zu müssen.

Zyniker könnten jetzt sagen, dass das sowieso nicht eintreffen wird, weil Feuerwehrleute ohnehin keine unglaublich hohe Lebenserwartung haben. Was unsere Fachzeitschriften oder die Aushänge am Schwarzen Brett in den Feuerwachen zu bestätigen scheinen, die Kollegen sterben an Herzinfarkten, Krebs, üblicherweise im Alter zwischen 60 und 70. Kürzlich ist ein Kollege mit 39 an einer nicht richtig auskurierten Erkältung gestorben, Herzmuskelentzündung, kann auch passieren, weil wir Feuerwehrleute uns immer für unentbehrlich halten, und da ist man nicht krank. Brand- und Rauchfolgen, Stress, bei mir zudem noch kombiniert mit der Schädlingsbekämpfung, bei der ich nie ausschließen kann, dass mal eine Atemschutzmaske beschädigt ist oder ich mir durch einen Riss im Handschuh eine Infektion einfange – also 100 werde ich sicher nicht, und vereinsamt sterben will ich auch nicht. Und um Letzteres zu verhindern, tue ich alles, was ich tun kann.

Dazu gehört ein intaktes Familienleben, für das ich mir möglichst viel Zeit nehme, dazu gehört ein Freundeskreis und auch, dass man rechtzeitig für die Zukunft plant. Wir werden nicht ewig Mitte 40 bleiben. Für meine Frau und mich steht fest, dass wir uns mit 55 zum betreuten Wohnen anmelden. Wir wollen später eine eigene Wohnung haben, in der wir selbstständig bleiben, aber auch Pflegedienste nach Bedarf in Anspruch nehmen können. Damit darf man nicht warten, bis man 85 ist, da ist es zu spät, denn die Wartelisten für betreutes Wohnen sind so lang wie das Münchner Telefonbuch. Und finanzieren werden wir's notfalls mit dem Verkauf unseres Hauses, das wissen unsere Kinder jetzt schon. Für viele Menschen ist das eigene Haus fast so etwas wie ein Kultobjekt. Ich kenne Leute, die haben für ihre alten Eltern irgendwelche tschechischen Pflegekräfte angeheuert, aus Geiz, damit das Haus nicht verkauft werden muss und hinterher was zu erben da ist. Wahnsinn. Uns passiert das nicht, das Haus ist für uns eine Geldanlage, und wenn's gut läuft, später ein Erbe für die Kinder. Das ist unsere Art der Altersvorsorge – das und vielleicht noch ein, zwei Löffel Leinsamen. Wegen der letzten Todesform, die uns bei unseren Einsätzen relativ oft begegnet.

Gelegentlich gibt es morgens früh um fünf Alarm für einen Notarzteinsatz. Dann fährt man los und kommt zu einem älteren Ehepaar. Der Opa oder die Oma ist aufgestanden, auf die Toilette gegangen und dort gestorben. Eine ganze Menge Leser dürfte sich jetzt zugleich denken: Ulkig, dass der Anders ausgerechnet dieses Beispiel nimmt, bei meinem Opa war's genauso. Die Lösung des Rätsels ist, dass das gar nicht so selten ist, sondern häufig vorkommt: Wenn ältere, gebrechliche Menschen morgens auf die Toilette gehen und der Stuhlgang nicht so recht funktionieren will, wie er soll, dann wird gepresst – bis zum Schlaganfall. Wenn morgens um fünf die Feuerwehr alarmiert wird, kann man Wetten darauf abschließen, dass wieder ein toter Rentner auf der Toilette sitzt. Da helfen zwei Löffel Leinsamen am Tag mehr als der Notarzt danach. Aber wer hätte auch gedacht, wie gefährlich der tägliche Stuhlgang ist?

Nur eines frage ich mich manchmal: Wer hat eigentlich die ganzen Tatorte gereinigt, bevor es die Tatort-reiniger gab? Genau weiß ich es nicht, aber es kommen dafür nicht allzu viele in Frage. Das müssen wohl die Hausmeister gewesen sein, die Wohnungsentrümpler oder die Angehörigen. Und das ist für mich mit das Erstaunlichste an meinem Beruf: dass man den Job, den ich da mache, jahrzehntelang ganz normalen Leuten zugemutet hat. Sicher, die Feuerwehr hat manchmal mitgeholfen – ich selbst ja auch, wie bei der folgenden Geschichte mit der leer gepumpten Badewanne. Aber mit dem Gestank und der weiteren Reinigung hat man die Menschen allein gelassen, was ein Unding ist. Sicher, man kann sagen, wer seine Oma vier Wochen lang nicht vermisst, dem lag vermutlich nicht sehr viel an ihr, aber selbst wenn das stimmen sollte – wenn man unvorbereitet in so eine Hölle aus Gestank, Blut, Schmiere, Kot tappt, muss man sich eigentlich nicht wundern, wenn man hinterher reif ist für eine Therapie. Dass man 1950 oder 1960 darüber nicht nachgedacht hat, dass die Kriegsgeneration sich damit nicht auseinandergesetzt hat, kann man ja verstehen, aber dass es bis in die 1990er Jahre, bis nach der Jahrtausendwende gedauert hat, bevor hier Handlungsbedarf entstanden ist, ist mir noch im Nachhinein absolut unverständlich.

25. Wannenbad

Manche Fälle sind ganz einfach. »A g'mahde Wiesn«, sagt der Bayer dazu, eine gemähte Wiese, eine ganz sichere Sache, bei der man so gut wie nichts ruinieren kann, weil die Wiese bereits fertig gemäht ist. Was im normalen Sprachgebrauch natürlich nicht heißt, dass die ganze Arbeit gemacht ist, sondern dass die Aufgabe so problemlos ist, dass man sie ohne viel nachzudenken abarbeiten kann. Und wenn man wieder acht Wochen lang irgendwelchen verborgenen Geruchsnestern nachgekrochen ist, wenn man eine neue Stelle entdeckt hat, in die das Blut von Selbstmördern unbemerkt hineinsickern kann, dann wünscht man sich manchmal als Tatortreiniger eine »g'mahde Wiesn«, und gelegentlich geht dieser Wunsch sogar in Erfüllung.

Ein älterer Herr hatte uns angerufen. Die Feuerwehr hatte seine Mutter bei einer Wohnungsöffnung tot in der Badewanne gefunden. Ob wir das Bad reinigen könnten? Ich stellte noch ein paar Fragen und sagte dann gleich zu. Ich verzichtete sogar auf die Fundortbesichtigung. Bäder sind normalerweise unproblematisch, und wenn die Leiche in der Wanne gelegen hat, kann nicht mehr viel schiefgehen. Eine Badewanne ist aus Stahl mit einer Emailleschicht, die nimmt in hundert Jahren keinen Geruch an, und wenn nicht irgendetwas ganz Unvorhersehbares, noch nie Dagewesenes passiert, dann kriegen wir die Wanne wieder so hin, dass kein Mensch

Bedenken hätte, da drin wieder zu baden. Also machten Didi und ich uns auf den Weg. Didi ist mit 43 der Jüngste in unserem Team und auch als bislang Letzter zu uns gestoßen. Er hat Autoelektriker gelernt, ist Feuerwehrmann und Rettungsassistent und obendrein extrem kräftig.

Es war eine Mietwohnung, und schon beim Eintreffen stellten wir fest, dass uns ein paar Details nicht gesagt worden waren. Es roch definitiv im Haus nach Leiche, schon lange bevor wir die Wohnung betraten. Und dieser Intensität nach zu urteilen, lag der Tod der alten Dame deutlich länger als einige Tage zurück, wie uns der Sohn erzählt hatte. Vielleicht hatte er auch Bedenken, weil er nicht dastehen wollte wie jemand, der sich nicht um seine Mutter gekümmert hatte – dem Geruch nach zu urteilen war die Dame jedenfalls mindestens 14 Tage in der Wanne gelegen, eher noch ein wenig länger. Ich sprach den Sohn nicht darauf an, es wäre ihm vielleicht unangenehm gewesen, und letzten Endes hatte ich keinen Grund, mich zu beschweren – es stimmte ja sonst im Wesentlichen alles, der einzig kontaminierte Raum war das Badezimmer, es handelte sich fast ausschließlich um die Wanne, alles war so, wie er es beschrieben hatte, mit Ausnahme des Geruchs und der Farbe des Badewassers.

Wanne und Wanneninhalt erinnerten mich an eine Blumenvase, bei der man vergessen hatte, das Wasser zu wechseln. In einer Vase trübt sich das Wasser dann ja langsam ein bis sich immer mehr Pflanzenteile lösen und zum Schluss eine grünliche, schmierig schlierige Brühe entsteht. Und so muss man sich auch das Wasser in der Badewanne vorstellen. Es füllte die Wanne etwa zur drei Fünfteln. Es war braun, rostbraun, trüb, und auf der Oberfläche trieben einige Fettaugen. Etwa zehn, 15 Zentimeter über dem Wasserspiegel war der Schmutzrand, den das Wasser mit der darin liegenden Leiche gehabt hatte – die Tote war ziemlich umfangreich gewesen. Über dem Wannenrand hing eine altrosafarbene Antirutschmappe für Dusch- oder Badewannen. Und am Wannenrand, am Wasserrand und auf der Mappe waren zahlreiche tief dunkelbraune bis schwarze Fetzen, was ebenfalls dafür sprach, dass die Tote schon länger in der Wanne gelegen hatte. Die Fetzen waren Hautreste, die sich beim Herausholen der Toten gelöst hatten und die an verschiedenen Stellen hängengeblieben waren. Ich war zwar nicht dabei gewesen, aber ich hatte in Schwabing vor 20 Jahren als junger Feuerwehrmann einmal bei einem ähnlichen Fall miterlebt, wie man das macht.

Damals gab es keine Tatortreiniger und die Feuerwehr machte noch kleinere Servicetätigkeiten, so wie sie früher auch Wespennester beseitigen durfte. Wir sollten also das Wasser in der Wanne abpumpen, nachdem die Bestatter die Leiche abtransportiert hatten. Die machten sich sofort an die Arbeit. Sie legten den Leichensack vor die Wanne und packten ein Tragetuch aus. Es leuchtete ziemlich schnell ein, warum. Wenn eine Leiche mehrere Wochen im Wasser liegt, löst sie sich auf. Sie bläht sich auf, ja, sie überzieht sich mit dieser Wachsschicht, aber das alles hält nicht ewig. Irgendwann platzt die Leiche, Wasser dringt ein, sie verfault, und zwar durch und durch. Das ist, als ob man Fleisch mehrere Tage lang gekocht hätte, das zerfällt buchstäblich unter dem Kochlöffel, und wenn man als Bestatter in so eine Wanne greift, der eine oben an den Schultern, der andere unten bei den Füßen, zieht man die Teile raus wie beim Tranchieren einer Weihnachtsgans. Also nimmt man das Tuch, das etwa so groß ist wie ein Bettlaken, an zwei Enden der Schmalseite und zieht es hinter dem Kopf des Toten unter seinem Rücken am Wannenboden entlang nach vorne, bis man unter den Füßen wieder rauskommt. Dabei kann man sich noch so sanft und behutsam anstellen, man schabt damit am völlig durchweichten Rücken des Toten entlang, und man schabt umso härter, je schwerer der Tote ist. Und was sich dabei löst, sorgt weiter dafür, dass das Badewasser so aussieht, wie es bei der Wanne der alten Dame ausgesehen hat. Dann packen die Bestatter das Laken, einer am Kopfende, einer am Fußende, und heben an.

In dem Moment wird die Leiche nicht mehr vom Wasser entlastet. Wasser stützt ja, im Wasser fühlen sich auch dicke Menschen relativ leicht und beweglich. Sobald die Leiche herausgehoben wird, wirkt ihr ganzes Gewicht auf sie und sie fällt zusammen wie Brei, der allenfalls noch menschliche Umrisse hat. Und damit trödelt man dann auch nicht, sondern befördert alles möglichst vollständig und auf einen Schwung in den Leichensack. Wir hatten damals unseren E-Sauger dabei, aber der E-Sauger ist kein Häcksler. Er schlürft zwar allerhand weg, aber man darf ihn nicht verstopfen. Als ich mir die dreckige Brühe in jener Wanne näher angesehen und viel zu viele Kleinteile und nicht ganz so kleine Kleinteile darin entdeckt habe, habe ich beschlossen, diese zuvor noch zu entfernen. Weil ich weder reingreifen noch unseren E-Sauger ruinieren oder hinterher saubermachen wollte, ging ich kurzerhand in die Küche des Toten und holte eine Suppenkelle, mit der ich dann das Gröbste aus der Wanne angelte und in den Leichensack schöpfte. Das mag manchem jetzt wenig pietätvoll vorkommen oder auch ziemlich brutal, aber es ist Feuerwehrdenke, und wer sich daran stößt, darf gerne mit Gegenvorschlägen kommen – es gibt nicht viele Alternativen, die schnell umsetzbar sind. Im Übrigen: Falls es dafür etwas zu büßen gibt, haben wir gebüßt, mein Kollege und ich, damals. Der E-Sauger und auch unsere Uniformen haben derart nach Leiche gestunken, dass sich unsere Kollegen geweigert haben, uns im Einsatzwagen mitfahren zu lassen. Wir mussten dann zu Fuß zur Feuerwache gehen. Es war zwar nicht weit, aber skurril war es trotzdem, zwei bestialisch stinkende Feuerwehrleute schlurfen durch Schwabing, im Schlepptau eine Art Staubsauger, der genauso stinkt und in dem leise eine Badewannenladung Leichenwasser gluckert.

Insofern war mir sofort klar, warum das Badewasser so aussah, wie es aussah. Die altrosa Antirutschmappe war beim Rausheben der Leiche mit hochgerutscht und über dem Badewannenrand hängen geblieben. Die Hautfetzchen hatten sich ebenfalls vor allem beim Herausheben gelöst und waren teils auf der Matte geblieben, teils im Wasser und teils am Schmutzrand.

Weil der Sohn mit in der Wohnung war, öffneten wir zuerst eine Dose mit Geruchsüberdecker. Das machte es für ihn erträglich, wenigstens in der ersten Stunde in der Wohnung zu bleiben. In der Zwischenzeit schlüpften wir in unsere Overalls, ich schoss meine üblichen »Vorher«-

Fotos des Badezimmers und holte dann einen Müllbeutel. Unsere Overalls sind zwar gut, aber ich wollte nicht riskieren, wieder zu Fuß heimgehen zu müssen. Deshalb zog ich den Müllsack über meinen Arm, bevor ich in die Wanne griff. Ich wollte den Stöpsel erst ziehen, wenn ich mir sicher war, dass nichts den Abfluss verstopfen würde, denn ich kenne keinen Klempner, der so etwas freiwillig reparieren würde. Ich rührte durch die Brühe und blieb tatsächlich an einem nassen Handtuch hängen, das ich sofort rauszog und in einem weiteren Müllbeutel entsorgte. Dann zog ich den Stöpsel und ließ das Wasser ab. Während es ablief, rührte ich sorgfältig durch. Die Teilchen hatten sich am Boden abgesetzt wie Fruchtstückchen in einer ungeschüttelten Orangensaftflasche. Würden sie zum Schluss gesammelt durch den Abfluss rutschen, konnten sie ihn möglicherweise doch noch blockieren. Gut verteilt dagegen flossen sie problemlos ab. Ich stand zufrieden auf und holte meinen Arm wieder aus dem Müllsack. Er hatte tadellos dicht gehalten. A g'mahde Wies'n.

Didi begann, die Wanne mit Kohrsolin zu desinfizieren. Ich ging einstweilen zur Schnupperarbeit über. Wir mussten alles entfernen, was nach Leiche stank, und das war wieder mal erstaunlich viel. Bürsten, Cremes, Tiegel, das war nicht so überraschend, aber dass sogar die Seife stank, war neu für uns. Der ziemlich hässliche kreisrunde Badezimmerschrank aus den 1970ern hingegen hatte keinen Geruch angenommen, obwohl er aus Kunststoff war. Und dann machten wir uns ans Schrubben.

Die festgeklebten Hautfetzen waren das Schwierigste, aber das Kohrsolin hatte sie so weit gelöst und auf-

geweicht, dass wir mit ganz herkömmlichen Plastik-
schwämmen arbeiten konnten, die jeder aus der Küche
kennt, die mit dieser dünnen, härteren Schabeschicht
auf einer der Breitseiten. Es brauchte auch keine Chlorbleichlauge, hier konnten wir mit normalem Haushalts-
scheuermittel arbeiten. Der Geruch war zwar schlimm,
aber im Vergleich zu unseren sonstigen Arbeitsbedin-
gungen wischte es sich hier paradiesisch leicht. Abgesehen von den altmodischen pastellgelben Fliesen sah
das Bad aus wie neu.

Der Rest der Wohnung war ziemlich gut weggekom-
men. Nur eine Handtasche in Lederoptik, aber aus Syn-
thetikmaterial im Flur roch nach Leiche. Wir konnten
bei der abschließenden Geruchsbekämpfung sogar fast
überall auf langwieriges Bürsten verzichten. Wir besprühten die Wände und Decken mit Chlorbleichlauge,
und das war's. Kein Ärger, keine Überraschungen, Didi
und ich sahen uns zufrieden an, packten unsere Sachen
ein, tadellose Arbeit. Und noch heute denke ich manchmal an diesen Fall. Wenn wir wieder eine grauenhafte
Sauerei vorfinden, schießt er mir durch den Kopf und
ich denke: »Warum eigentlich können nicht alle Menschen in einer Badewanne sterben?«

26. Abschied

Ich habe mich an den Tod gewöhnt. Den Tod fremder Menschen, um genau zu sein. Ich begegne ihm ja tagtäglich. Und es ist wichtig, dass man sich an ihn gewöhnt. Man stelle sich einen Einsatzort vor, bei dem neben einem Dutzend Toter zwei Dutzend Verletzte liegen, die alle vor Schmerzen stöhnen und um Hilfe schreien. Da will keiner einen Rettungsassistenten, der »Ogottogottogott!« schreit. Im Gegenteil: Der Rettungsassistent soll ganz gelassen bleiben und die Verletzten beruhigen. Solange ich helfen kann, solange ist der Tod für mich nicht schrecklich. Für Schrecken habe ich dann keine Zeit. Die Frage ist jedoch, was passiert, wenn ich nicht helfen kann. Wenn ich nichts zu tun habe und trotzdem ausharren muss. Das ist mir bislang nur einmal passiert: Als mein Schwiegervater starb.

Vor etwa drei Jahren hat er eine furchtbare Erkältung gehabt, oder wenigstens etwas, was er dafür gehalten hat, er hat mit meiner Frau Petra telefoniert, und die hat ihn dann nachdrücklich zum Arzt geschickt. Seine Frau, die zwei Jahre zuvor an Lungenkrebs gestorben war und die er noch bis zu ihrem Tode gepflegt hatte, hätte ihn vermutlich bereits viel früher zum Arztbesuch gedrängt. Wir jedenfalls konnten es nicht, er wohnte ja nicht bei uns in München, sondern im Rheinland, wo meine Frau herkommt, in Düsseldorf. Kurze Zeit später hat er meine Frau angerufen, gefragt, ob sie sitzt, und ihr dann gesagt, er habe nun ebenfalls Lungenkrebs und hätte nur noch ein halbes Jahr zu leben.

Weil seine Lungenwerte schlecht waren, wurde er geröntgt, und dabei hatte man jede Menge Schatten in den Lungenflügeln gefunden. So ganz überraschend war es nicht, er war starker Raucher. Wir haben meinen Schwiegervater in diesen zwei Jahren, die er letztlich noch gelebt hat, begleitet, und das war etwas ganz anderes als der schlimmste Einsatzort, der übelste Verkehrsunfall. Ich habe wie alle Rettungsassistenten viele Tote gesehen, aber hier waren meine Frau und ich selbst dabei und haben die ganze Vorgeschichte des Todes miterlebt. Wir beide sind uns einig: Wenn jeder so sterben müsste wie er, dann müsste man Angst vor dem Tod haben.

Mein Schwiegervater war erst 60, und er war nicht im Geringsten zum Abschied bereit. Wie auch? Ich kannte ihn als tatkräftig, energisch, auch dickköpfig, als jemanden, der sich nicht leicht was sagen lässt, auch nicht von irgendwelchen Ärzten. Nur um mal ein Beispiel zu geben: Ich habe meine Kontakte genutzt und ihm kurzfristig einen Termin in einer Lungenklinik in der Nähe Münchens besorgt. Ich habe mir freigenommen und ihn in die Klinik begleitet, aber dummerweise haben sie uns dort etwas warten lassen. Zwei Stunden. Dann steht er auf, sagt, dass er nicht mehr länger wartet, und marschiert ab. Was soll man machen? Der Mann ist schließlich erwachsen.

Vierzehn Tage ist er anschließend noch bei uns geblieben und hat sich ein bisschen bemuttern lassen. Ich habe mir Urlaub genommen, wir haben morgens Brotzeit gemacht, das war schon eine schöne Zeit, die gefiel ihm sichtlich, die Gesellschaft, er hatte sein Bierchen, er hatte seine Tochter um sich herum, und dann ist er nach Köln gefahren in eine Klinik. Dort haben sie ihm die komplette linke Lungenhälfte entfernt. Wir haben ihn drei Tage später besucht und gedacht, dass er noch auf der Intensivstation liegt, aber er war praktisch schon fertig zur Entlassung. Und die Klinikärzte sahen seinen Zustand offenbar auch positiver als der erste Arzt: Wenn er nicht mehr rauchen würde und es keine Metastasen gäbe, dann könnte das noch zehn Jahre so weitergehen, hieß es. In seinem Alter würde alles langsamer ablaufen als bei einem Dreißigjährigen. Ich selbst war auch fast beruhigt, jedenfalls war ich fasziniert davon, wie schnell man sich nach Lungenoperationen erholt. Das schien ja noch einmal glimpflich abgegangen zu sein.

Natürlich hat er weitergeraucht. Man denkt sich ja immer: Wie konnte er nur? Aber das machen die meisten Raucher. Und im Nachhinein war es wohl auch egal. Die Nierenschmerzen wären auch so gekommen. Er hat Petra am Telefon davon erzählt, die hat ihn zum Arzt geschickt, und dort haben sie dann die Schatten auf der Niere gefunden.

Mein Schwiegervater ist kein einfacher Mensch gewesen. Er wusste ziemlich genau, was er hören wollte und was nicht. Sternzeichen Löwe. Und als der Arzt zu ihm sagte: »Also, wir haben jetzt Metastasen in der Niere, das wird wohl nur noch ein Jahr dauern« – da hat er den Arzt gewechselt. Was weiß schon ein Arzt? Sagt der eine, dass man sterben muss, sucht man sich einen zweiten und einen dritten. Und so ganz verdenken kann ich es ihm nicht, nach der Auskunft seines ersten Arztes hätte er ja schon längst tot sein müssen. Dann hatte es aber geheißen, er hätte noch zehn Jahre – unter diesen Umständen ist eine zweite Meinung wahrscheinlich doch hörenswert. Aber leider sagte der zweite Arzt diesmal dasselbe.

Ich habe nie verstanden, warum er nicht einfach sein gesamtes Geld genommen hat, um sich davon ein wunderschönes letztes Jahr zu machen. Die Ärzte haben es wohl ähnlich gesehen. Aber selbst wenn der erste Arzt sagt: »Nutzen Sie Ihre Zeit. Tun Sie, was Ihnen wichtig ist. Und tun Sie es jetzt.« Und der zweite dies sogar bestätigt – je länger man sucht, desto sicherer findet man einen, dem noch ein paar Supertricks einfallen, mit denen man den Tod ganz, ganz bestimmt besiegt. Sein letzter Arzt hat ihn dann richtig abgezockt. Wir haben uns mit dem bis aufs Blut gestritten, aber er hat meinem Schwiegervater bis zuletzt noch Aufbaupräparate verschrieben, im Endstadium, in einer Phase, in der es weder viel aufzubauen gab noch die Lebensqualität so war, dass es angenehm gewesen wäre, das Leben zu verlängern.

Aber wir sind da vielleicht auch ungerecht: Mein Schwiegervater hat um sein Leben gekämpft, bis zum Schluss, diesen Kampf haben wir wahrscheinlich schon ein wenig früher verloren gegeben, womöglich auch deshalb, weil wir eben nicht selbst die Kranken waren und immer gesehen haben, in welch schlechter Verfassung er war.

Im Sommer 2009 ging es dann massiv bergab. Petra ist öfter zu ihm geflogen, wir haben ihn dann alle 14 Tage in Düsseldorf besucht, seine zwei Brüder haben sich in der Zwischenzeit um ihn gekümmert. Aber beide sind halt auch keine gelernten Pfleger und stoßen bei so etwas an ihre Grenzen. Wir haben ihn gedrängt, zu uns zu kommen. Aber er wollte nicht. Er wollte sich auch nicht helfen lassen. Heute nehmen wir an, es geschah aus Scham. Wir haben beim Ausräumen seiner Wohnung an den Spuren in der Wäsche festgestellt, dass viele Körperfunktionen nicht mehr zuverlässig arbeiteten. Er muss teilweise inkontinent gewesen sein. Und das war ihm peinlich. Heute fragen wir uns natürlich, ob wir es hätten erraten können. Oder ob er zu uns gekommen wäre, wenn wir's gewusst hätten und er es nicht mehr hätte verbergen müssen. Aber so, wie es letztlich gelaufen ist, konnten wir ihm erst helfen, als er völlig hilflos war.

Wir hatten einen Pflegedienst organisiert, der ihn versorgte. Aber im Spätherbst, so gegen November, Dezember, meldete sich ein Pflegedienstmitarbeiter bei uns und sagte: Es geht nicht mehr. Wir haben dann versucht, ihm einen Hospizplatz in München zu organisieren. Aber er wollte partout in ein Düsseldorfer Hospiz. Und als er dort war, beging er einen Selbstmordversuch.

Er hatte inzwischen auch Metastasen im Gehirn, und er entwickelte Psychosen, Wahnvorstellungen. Nach nur drei Stunden begann er im Hospiz Gegenstände aus dem Fenster zu werfen, aus dem zweiten Stock. Er hat das Zimmer von innen blockiert, Stühle rausgeschmissen und die Autos drunter beschädigt. 10 000 Euro Schaden. Dann haben sie ihn in die geschlossene Abteilung des Bezirkskrankenhauses in Viersen verlegt.

Wie das hat sein können, habe ich bis heute nicht verstanden. Mein Schwiegervater war Krebspatient im Endstadium, extrem pflegebedürftig – und dann verlegt man ihn in eine Station, wo zwei Helferlein auf 30, 40 Leute aufpassen. Die haben meinem Schwiegervater die Medikamente mit Wasser aus dem Anderthalb-Liter-Messbecher runtergespült, da gab's kein Glas, die haben ihre Patienten betankt wie andere Leute ihre Blumen gießen, weil's weniger Arbeit macht. Wenn ich daran denke, könnte ich heute noch einen Tobsuchtsanfall bekommen.

Gesagt hat uns davon niemand etwas. Wir haben täglich mehrfach mit den Pflegern und den Ärzten telefoniert, die uns sogar noch gefragt haben, was er gern isst. Da können die von mir aus ein Spanferkel braten, wenn sie niemanden haben, der den Patienten damit füttert, ist das doch Schwachsinn hoch zehn! Man konnte ihm eine Tasse Kaffee hinstellen, in der hat er dann eine halbe Stunde rumgerührt – aber nichts getrunken, weil er sie nicht hochheben konnte. Und so ging das schon seit einer Woche! Es tut mir um jeden Tag leid, den mein Schwiegervater dort zubringen musste.

Ich habe sofort gesagt, wir nehmen ihn mit. In ruhigem, aber bestimmtem Tonfall.

Wir haben ihm innerhalb von drei Tagen einen Platz in einem Münchner Hospiz besorgt und den Krankentransport dorthin organisiert. Das Einzige, was wir nicht organisieren konnten, war eine Morphinpumpe für den Transport, die Akkus aus dem Münchner Krankenwagen waren wegen der Kälte im Eimer. Aber ohne Pumpe gab es keine Schmerzfreiheit. Doch niemand aus dem Bezirkskrankenhaus war bereit, uns eine Morphinpumpe für die Fahrt nach München zu leihen.

Ich habe der zuständigen Krankenschwester gesagt, dass wir uns jetzt auf den Weg machen würden, meine Frau, mein Schwiegervater und ich. Und die Pumpe nehmen wir mit. »Die klau ich jetzt, und Sie fassen hier besser weder mich noch meinen Schwiegervater an«, habe ich ihr gesagt, »sonst misch ich Ihnen Ihren Laden auf. Hier haben Sie meinen Namen und meine Adresse. Sie können dann gerne die Polizei rufen und mich von mir aus auch anzeigen, aber jetzt gehen Sie besser auf d'Seitn!« Ich habe ihnen am gleichen Tag per Express ihre verdammte Pumpe zurückgeschickt und nie wieder etwas von ihnen gehört. Aber manchmal frage ich mich schon, was in solch beschränkten Köpfen vorgeht. Sind sie so in ihren Kostenrechnungen versumpft, dass sie lieber meinen sterbenden Schwiegervater in einem völlig unterversorgten Heim lassen würden, als 24 Stunden auf eine Pumpe zu verzichten, die sie ja sowieso doppelt und dreifach in irgendeinem Vorratsraum stehen haben?

Andererseits konnte ich mich so wenigstens ein bisschen nützlich machen. In München sah ich dagegen meinem Schwiegervater nur beim Sterben zu. Er hat hier noch eine Woche gelebt. Er hat es mitbekommen, dass wir ihn geholt haben, und er hat sich noch von Petra verabschiedet. Er war so geschwächt, dass er endlich loslassen konnte.

Wir haben hier einen wirklich guten Arzt gefunden und uns mit ihm abgesprochen. Schmerz- und angstfrei sollte mein Schwiegervater sein, es sollte ihm gutgehen,

aber wir wünschten keine lebensverlängernden Maßnahmen. Und so hat der Arzt es dann auch gemacht.
Wir haben den Schwiegerpapa am Samstag geholt, am
Sonntag ist er sogar noch herumgelaufen, aber ab Mon-
tag war er ohne Bewusstsein. Er hat bewusstlos weiter-
gekämpft, es war ein harter Abschied.

Wir grübeln noch immer, was wir hätten anders machen sollen. Aber man kann Menschen nicht ändern.
Wir hätten durchaus häufiger nach Düsseldorf fliegen
können, doch seine Standardantwort war immer: »Nein,
das machen wir dann, wenn's mir besser geht.« Wenn
wir uns durchsetzen hätten wollen, hätten wir streiten
müssen, und warum sollen wir in den letzten Monaten
seines Lebens mit jemandem streiten, den wir lieben?
Wir haben ja sowieso zu oft gestritten, weil die Gehirn-
metastasen seine Persönlichkeit veränderten und er bös-
artig oder störrischer wurde. Dass die Metastasen schuld
daran waren, darauf sind wir auch erst später gekommen. Und so ärgere ich mich schon über das ein oder
andere: »Rutsch mir doch den Buckel runter!«, das ich
flapsig zu ihm gesagt habe.

Wir haben von den Zusammenhängen rund um den
Krebs meines Schwiegervaters erstaunlich viel erst hinterher begriffen. Ich frage mich manchmal, warum. Und
die Antwort ist wohl, dass man, wenn man direkt oder
mittelbar betroffen ist, wie gelähmt vor dieser Krankheit steht. Selbst ein halbmedizinischer Profi wie ich,
der alles im Internet recherchiert, Experten fragt, bei
der Untersuchung von Leichen in der Rechtsmedizin
anwesend ist und der sogar Thoraxdrainagen legt. Sicher, Schwiegerpapa hat uns von allem nur die Hälfte

erzählt, er wollte seine Tochter schützen, und die Ärzte hatte er wohl auch ganz gut im Griff, sonst hätten sie vielleicht mehr verraten. Aber trotzdem: Ich weiß so viel von dem, was nach dem Tod passiert – warum wusste ich nicht mehr davon, was ihm vorausgeht? Warum habe ich die Inkontinenz nicht geahnt? Warum habe ich mir nicht an fünf Fingern abzählen können, dass der Krebs nicht einfach mal pausiert, sondern überall hinwandert? Und dass Metastasen nicht einfach harmlos im Gehirn sitzen wie Rentner auf einer Parkbank? Man ist in der Situation überforderter, als man glaubt.

Wir denken noch immer viel an ihn. Es ist schade, dass er unser kleines Häuschen nicht mehr erlebt hat. Das hätte ihm gefallen. Vielleicht sieht er es ja auch. Als er starb, landete im Garten eine schwarze Krähe und schrie ganz laut. Er stellte das Atmen ein, und die Krähe flog davon. Na ja, da denkt man sich dann schon seinen Teil. Kann natürlich auch ein Zufall gewesen sein.

Andererseits: Energie geht nicht verloren, sagt die Physik. Und ich denke, dass auch die Seele nach dem Tod nicht verlorengeht. Der Mensch ist mehr als die Summe seiner Bestandteile, dieses »mehr« verschwindet nicht, es geht irgendwohin. Aber das ist nur mein persönlicher Glaube, irgendwelche Belege dafür habe ich leider nicht. Gut, ein Notarzt, mit dem ich öfter zu Einsätzen fahre, macht jedes Mal, wenn wir nicht mehr helfen können, das Fenster im Raum auf und sagt: »Damit die Seele rauskann.« Aber das beweist selbstverständlich nichts, höchstens, dass der Notarzt eine etwas romantische oder vielleicht auch poetische Ader hat. Im Gegenteil: An den vielen Orten des Todes, an denen ich war, ist mir keine Seele eines Toten begegnet. Es heißt ja in vielen Nahtodschilderungen, dass Leute ihren Körper verlassen und dann über ihm schweben und die Szenerie von oben beobachten – gesehen habe ich dabei noch niemanden. Es hat mir bisher noch niemand aus dem Jenseits Zeichen gegeben, und mir sind bislang auch keine Geister begegnet, die keine Ruhe gefunden haben, weil ihre Wohnung so furchtbar stinkt oder weil irgendeine Angelegenheit noch ungeregelt ist. Und ich kann versichern, dass ich an vielen Orten war, wo mehr als genug ungeregelt war. Falls sich eine Seele da Sorgen machen wollte, hätte es an meinen Einsatzorten jede Menge Gelegenheiten dazu gegeben. Doch das Jenseits spricht leider nicht mit mir, ich weiß darüber auch nicht mehr als andere. Aber Glauben heißt Nicht-Wissen. Und wir, meine Frau und ich, wir haben unsere eigene Art Glauben: Wir denken, dass unsere Angehörigen über uns wachen.

Ich mag den Gedanken.

27. Kundendienst

Wenn man eine völlig unbetretbare Wohnung herrichtet, kann man eigentlich nicht viel falsch machen. Der Kunde freut sich, wenn er die Wohnung wieder begehen kann, und er erwartet nicht, dass sie vollkommen gereinigt worden ist. Viele meiner Kollegen übergeben sie auch in einem nicht ganz sauberen Zustand, aber hier beginnt eine besondere Leidenschaft von mir. Ich möchte eine perfekte Arbeit abgeben, und dazu gehören ein paar Dinge, die ich erledigen muss – nicht nur als Dienst am Kunden, sondern auch, weil ich es mir selbst schuldig bin.

Punkt 1: Das geputzte Bad
Nirgends kann man leichter als Leichenfundortreiniger beim Kunden punkten und den Unterschied zwischen vorher und nachher besser und deutlicher rausstellen als beim Bad. Viele Bäder sozial vereinsamter Menschen sind völlig heruntergekommen und verdreckt, ohne dass jemand darin gestorben ist. Wenn der Auftraggeber nach meiner Beendigung der Arbeit als Erstes ins Bad guckt und einen Raum sieht, in dem er sofort unter die Dusche gehen würde, hat man schon mal gewonnen. Und wenn nichts Gravierendes passiert ist, dann ist so ein Badezimmer auch relativ leicht zu reinigen – genau dafür sind die Fliesen ja gedacht.

Punkt 2: Die Fenster

Mit Fenstern kann man fast noch leichter beeindrucken, es denken nur viele nicht daran, weil die Reinigung nicht immer nötig ist. Wenn wir zum Beispiel einen Raum mit Chlorbleichlauge behandeln, dann läuft die logischerweise nicht nur an den Wänden, sondern auch an den Fensterscheiben herunter. Das ist nicht unhygienisch, aber es sieht hässlich aus, so bleich verschliert. Und selbst wenn das nicht so ist, sind die Fenster in Leichenfundortwohnungen oft lange nicht geputzt worden, sie sind verstaubt, verklebt, verraucht. Mit einem Eimer Wasser, Putzmitteln und einem von diesen Wasserabstreifern, wie man sie an Tankstellen findet, geht das Fensterreinigen ruckzuck, ohne jeden Aufwand. Der Effekt ist unbeschreiblich, die simple Tatsache von geputzten Fenstern kann den Unterschied von »renoviert« und »wohnlich« ausmachen, ich bin selber immer wieder überrascht. Wenn ich Single wäre, in einer vernachlässigten Junggesellenbude wohnen würde und ich hätte eine halbe Stunde Zeit vor einem Date, um die Wohnung herzurichten, ich würde als Erstes die Fenster putzen – damit lässt sich am effektivsten die größte Wirkung erzielen.

Punkt 3: Die Dekoration

Wenn wir fertig sind, versuche ich eine Art Schokopralinen-Effekt zu erzielen – wie im Hotel, wo auf dem Kopfkissen oft als Willkommensgruß ein Schokoplätzchen oder eine Praline liegt. Ich freue mich immer, wenn ich so etwas in meinem Hotelzimmer vorfinde, obwohl dadurch weder das Bett noch das Zimmer auch nur einen

Hauch sauberer wird. Aber etwas in dieser Art möchte ich auch meinen Kunden bei ihren Wohnungen bieten. Das geht natürlich nicht in leeren Räumlichkeiten. Aber wenn wir nicht alles entrümpeln müssen, sondern nur Teile der Einrichtung entsorgen und im Wesentlichen den Großteil der Wohnung reinigen können, dann versuche ich das Mobiliar zu arrangieren. Auf den geputzten Tisch lege ich ein Deckchen und stelle eine Kaffeekanne dazu, oder ich gruppiere die Möbel nicht irgendwo in einer Ecke, sondern so, dass man dort gleich Platz nehmen kann. Das ist keine große Kunst, ich bin ja kein Innenarchitekt, aber es sieht einfach behaglicher aus.

Punkt 4: Wie vorher
Ich habe bereits erwähnt, dass ich Fotos vom Zustand der Wohnung mache, wie wir sie vorgefunden haben, dass wir versuchen, sie nach den Bildern wieder herzurichten. Das geht nicht immer, denn wenn wir die komplette Einrichtung in den Sperrmüll feuern, werden wir nicht eine neue nachbasteln. Aber wenn sich's anbietet, machen wir's so. Einfach weil man auf dem Gesicht des Kunden seine Gefühle ablesen kann. Erst sein Misstrauen: »Haben die hier überhaupt was gemacht?« Dann die Überraschung: »Die haben hier ja schon *alles* gemacht!« Und schließlich seine Zufriedenheit.

Punkt 5: Sachensucher
Dieser Punkt erinnert mich ein bisschen an mein Wespenheldentum: Irgendwo sitzt ein armer Mieter oder Hausbesitzer und leidet unter einem mordsgefährli-

chen Wespennest, und dann komme ich und bringe alles wieder in Ordnung – na ja, von meiner Perspektive aus betrachtet (und der jedes anderen Schädlingsbekämpfers), ist das mit den Wespen natürlich nicht so gefährlich. Ähnlich verhält es sich auch mit Leichenfundorten, denn häufig sind die Angehörigen verzweifelt, weil sie für irgendwelche Ämter irgendwelche Papiere brauchen. Oder den Schlüssel zu irgendeinem Safe oder irgendeiner Tür. Na, und das ist eben ein Fall für den feuerwehrausgebildeten Tatortreiniger. Meine Mitarbeiter und ich haben schon in Dutzenden geöffneter Wohnungen nach Schlüsseln gesucht, nach Geld, nach Papieren, Akten, nach den unterschiedlichsten Dingen, die die Wohnungsinhaber scheinbar planlos irgendwo hingeräumt haben. Aber in Wirklichkeit liegen diese Sachen immer an denselben Stellen, die muss man nur kennen. Diese sind zwar nicht in jeder Wohnung die gleichen, ganz so einfach ist es nicht, aber wenn man ein paar Hundert Wohnungen geöffnet hat, dann sieht man ziemlich schnell, welche Schublade in dieser Wohnung für Schlüssel in Frage kommt, welche für den Pass und wo hier vermutlich ein kleines Bargeldlager sein könnte. Wenn Trickdiebe, die sich bei alten Leuten als Gasinspektor ausgeben, schnell in deren Wohnungen die Wertsachen finden, dann ist das keine Zauberei, sondern Erfahrungssache. Auch meine Mitarbeiter und ich haben diese Erfahrung, weshalb es normalerweise eine halbe bis dreiviertel Stunde dauert, bis wir den zuständigen Leuten alles in die Hand drücken können, meistens auch noch komplett, Schlüssel, Wertsachen, Ausweise, Uhren, Bargeld, alles da. Das macht mich stolz, das ist einer der kleinen Showeffekte, die ich gern mag, und das Schöne daran ist ja, dass ich den Zaubertrick live vorführe, wenn ich mit den Angehörigen durch die Wohnung gehe und mit ein, zwei Griffen alles habe. Oder mal eben 500 Euro aus einem Besteckkasten rauszaubere, wie in der Wohnung einer toten Sozialhilfeempfängerin, bei der man überhaupt nicht glauben mag, dass da noch Geld übrig ist, so wie's in der Wohnung aussieht. Aber vielleicht hatte die Dame auch selbst schon ein wenig den Überblick verloren.

Manchmal tauchen auch Akten auf, von denen die Angehörigen nichts wussten, über Kleinstkriminalität, gerade bei Alkoholkranken – wenn sie Geld haben, sind's meistens Alkoholdelikte wie Trunkenheitsfahrten, wenn sie kein Geld haben, Beschaffungskriminalität, manchmal findet man auch Waffen. Die Hinterbliebenen sind darüber nicht so erfreut wie über Bargeld, wenn wir ihnen die Akten oder Waffen überreichen. Aber es ist auch für mich eine Bestätigung, dass ich diesen Job so gründlich erledigt habe, wie es mein Anspruch an mich selbst ist. Ob man dies nun »Verkaufe«, nennt, »Marketing«, »Kundendienst« – es ist das kleine Geheimnis, gewissenhafte Arbeit genauso gut aussehen zu lassen, wie sie ja tatsächlich ist. Aber manchmal glaube ich auch, ich bediene hier meinen eigenen Perfektionismus. Kann sogar sein, dass dies der Hauptgrund für meinen Kundendienst ist: Ich könnte sonst die Einsatzorte überhaupt nicht verlassen. Man kann's fast zwanghaft nennen. Ich bin sozusagen der Putz-Monk.

28. Skrupel

Tiere zu töten ist kein Spaß. Es ist auch keine Leidenschaft von mir. Das klingt vielleicht seltsam, wenn das
jemand behauptet, der schätzungsweise eine Million
Fliegen getötet hat, eine Million Wespen, Tausende Ratten, Mäuse, Speckkäfer. Aber im Grunde habe ich dasselbe Problem, das es in der Spionage oft gibt.

Es heißt, Geheimdienste würden allen ihren Spio-
nen misstrauen, und zwar umso mehr, je länger sie im
Ausland sind. Denn die Geheimdienste wissen, je länger ihre Außendienstleute die andere Seite kennengelernt haben, desto mehr Verständnis entwickeln sie für
sie. Sie wissen, warum die Menschen in dem jeweiligen
Land so sind, wie sie sind. Und das Problem ist: Je mehr
man versteht, desto mehr Verständnis entwickelt man,
und man merkt, die anderen sind nicht ausschließlich
nur böse, sondern nur anders. Und wenn man selbst einer von ihnen wäre, würde man nicht genau dasselbe
tun wie sie? Und falls das so ist – ist das dann noch in
Ordnung, was man selbst tut?

Beim Schädlingsbekämpfen ist es genauso. Um Speckkäfer, Fliegen, Wespen, Ratten zu bekämpfen, muss ich
wissen, was sie tun und warum sie es tun. Und dabei
merkt man: Die Tiere sind ganz in Ordnung, meist
sind sie sogar berechenbarer als der Mensch. Die Fliege will in der Leiche ihre Eier ablegen – ist diese weg,
verschwindet auch die Fliege. Die Wespe mag es warm.

Im Sommer werde ich öfter zu Wespennestern gerufen, und wenn dann die Leute erfahren, dass es eben doch 100 Euro kostet, das Nest zu entfernen, lassen sie's und sagen: »Ach, da außen stören sie ja niemanden.« Ich sage dann immer: »Im Spätherbst wird das anders aussehen. Da kommen die Wespen nach innen. Und sie suchen keine Blüten, sondern irgendetwas zu essen, gerne mal Fleisch, und das können sie im Haus genauso gut machen wie im Garten. Aber im Herbst ist es im Garten kalt, und die Wespe friert genauso ungern wie Sie.« Und an dieser Stelle fängt bei mir das Verständnis für die Wespe an. Sie friert nicht gern – das ist ein sehr menschlicher, nachvollziehbarer Zug an ihr. Recht hat sie, niemand sollte frieren müssen. Und deshalb muss man die Wespe gleich töten? Schon denkt man: arme Wespe.

Ändern kann ich's trotzdem nicht. Und das Mitleid ist auch nicht immer gleich groß. Wenn man bei einer Leiche auf Tausende Fliegen stößt, die einem ins Gesicht fliegen, lässt das Mitgefühl für die Tierchen rasch nach. Wenn man Hunderte Bettwanzen von einem Bettgestell wischt, findet man das rasch ziemlich widerlich. Mit der einzelnen Wanze, mit der einzelnen Schabe ist das schon schwieriger. Und am schwierigsten ist das mit der einzelnen Ratte.

Ratten sind eine Herausforderung. Ich kenne keine clevereren Tiere, und diese Intelligenz fordert auch eine gewisse Anerkennung. Deswegen gehen mir Rattenfälle auch meistens näher als Mäusefälle. Ratten sind gewitzt, kreativ, logisch – Mäuse sind dumm wie Stroh. Das ist wirklich wahr: Eine Mäusepopulation kann man mit diesen ganz normalen Schlagfallen ausrotten bis zur letzten Maus, die rennen sturheil weiter in den Tod. Das würde Ratten nicht passieren, die merken das vorher. Und wenn's ihnen unheimlich wird, hauen sie ab und nehmen ihr Wissen mit. Ich habe noch nie eine ganze Rattenpopulation beseitigt, und das ist vielleicht auch etwas Versöhnliches bei der ganzen Angelegenheit: Es ist wie ein Spiel, wie ein Match, bei dem man immer wieder auf denselben Gegner trifft. Man tötet ihn irgendwie nicht so ganz, man sagt ihm aber: Pass auf, mein Freund, ab sofort gibt's jetzt auch hier für dich Ärger, hau mal besser ab! Das ist faktisch natürlich Quatsch, aber das ist einer der Gedankentricks, mit denen man sich ein wenig über die Tatsache hinwegmogeln kann, dass man massenweise Tiere umbringt. Jedenfalls so lange, bis man einmal wirklich Hand anlegen muss.

Wir waren von einer Hausverwaltung angerufen worden, Rattenbefall in einem Mietshaus. Und wir haben uns daraufhin den Keller angesehen. Es roch nach Rattenpisse, der Befall war da, also haben wir sechs Wochen lang Gift ausgelegt. Und wir haben jede Menge Giftarten, für Ratten hat man sich die heimtückischsten Dinge ausgedacht. Rattengift ist mit Aromastoffen versetzt, die Ratten lieben. Es gibt das Gift als Krümelfutter, als Wachs oder als Gel, je nachdem, was die Ratte braucht. Wenn man zum Beispiel weiß, dass die Ratten wenig Wasser zur Verfügung haben, nimmt man Gel, weil die Ratte auf der Suche nach Feuchtigkeit lieber dazu greifen wird. Es gibt vergiftete Wassertröge, die man rundum mit Pulver beschichtet, das im Fell hängenbleibt und das die Ratte dann aufnimmt, wenn sie sich putzt.

Und man hat ziemlich fiese Langzeitgifte entwickelt, extra für die Ratte.

Denn Ratten leben in Gruppen von zehn bis 20 Tieren. Und was immer man ihnen vorsetzt, sie schicken zunächst die jüngsten Tiere vor. Die junge Ratte nimmt den vergifteten Köder, und ab da steht sie unter Beobachtung. Die ganze Gruppe schaut, ob sie sich normal verhält, gesund bleibt, ob sie oder ihr Atem anders riecht. Und wenn das der Fall ist, wenn die Ratte im Beobachtungszeitraum stirbt, dann wird keine Macht der Welt die anderen Ratten dazu bringen, was von demselben Zeug zu fressen. Also sind langsam wirkende Gerinnungshemmer in den Mitteln, die erst nach fünf bis sieben Tagen anfangen, die Ratte verbluten zu lassen. Trotzdem ist man den Ratten insgesamt damit nicht beigekommen. Wir verfüttern jetzt Mittel der dritten Generation, weil die Tiere gegen die anderen beiden Generationen inzwischen immun sind – es muss also immer wieder Überlebende gegeben haben, die das Wissen oder die Resistenz weitergegeben haben. Und dieses gesamte Arsenal haben wir gegen die Ratten im Keller aufgefahren. Wir haben das Mittel auch mit meinem Geheimtipp gemixt, Nussnougatcreme, das ist fast immer erfolgreich. In diesem Fall jedoch nicht. Die Tiere haben nichts davon angefasst. Weder als Gel noch in der Schlagfalle, weder in Knallbunt noch in Rot noch in Blau, vielleicht haben sie auch gemerkt, dass die Farben für Menschen abschreckend wirken sollen, und sich gedacht, was für Menschen nicht gut ist, kann eigentlich auch nicht für Ratten gut sein.

Wir haben daraufhin mit Einverständnis der Hausverwaltung und der Mieter die Keller geöffnet. Und nur Rattenspuren in einem einzigen Keller gefunden. Es war viel Kot vorhanden und es stank bestialisch, aber es war schnell klar, dass es sich hier nur um eine einzelne Ratte handeln konnte. Also haben wir massiv den Keller mit Ködern bestückt. Und der Erfolg war gleich null. Die Ratte hat alles angefressen, Holz, Plastikverpackungen, Folien, den letzten Dreck, aber nicht unsere Köder. Ich fing richtiggehend an, die Ratte zu bewundern. Sie hatte wirklich was im Kopf. Aber sie roch trotzdem nicht gut. Also haben wir beschlossen, das Kellerabteil auszuräumen.

Wir haben Stück für Stück rausgetragen. Und dann haben wir sie in einer Ecke gesehen. Kein besonders großes Tier, kein besonders hässliches. Eben eine Ratte. Hardy und ich, wir sahen uns an, und dann war schnell klar, dass ich derjenige sein würde, der sie erschlagen müsste.

Ratten zu erschlagen ist nicht einfach. Die Tiere sind extrem schnell. Aber wir hatten sie ja in der Ecke, unter einem Regal. Das Kellerabteil befand sich in der Ecke des Kellers, insofern waren zwei Seitenwände des Abteils schon mal ausbruchsicher. Die mit Latten abgetrennten Seiten des Abteils haben wir dann lückenlos mit zwei Dutzend Schlagfallen abgedeckt, damit es hier kein Durchkommen gab. Dann nahm ich einen Eismeißel für überfrorene Gehwege, also eine kurze Stahlkante an einem Besenstiel.

Ratten warten lange, wenn sie in die Enge getrieben sind. Sie beobachten genau die Situation und den Gegner, und erst im allerletzten Moment setzen sie zum

Sprint an. Ich habe zigmal zugestoßen, und zigmal flitzte sie weg. Und dann haute sie ab, zwischen unseren Beinen durch, aus dem Keller raus, durch die Tür des Abteils. Wir haben geflucht wie sonst was, sind hinterhergerannt und hatten Glück, dass die Ratte ihren einzigen Fehler machte. Sie rannte in den Vorraum des Kellers. Und der war klein und dicht. Rundum vier Wände und zwei Stahltüren. Was die Sache für uns einfacher und gefährlicher zugleich machte.

Verzweifelte Ratten sind zu allem fähig. Sie können brusthoch springen, sie beißen, und ein Rattenbiss kann gefährliche Infektionen verursachen. Ratten sind exzellente Kletterer, sie kommen in Sekunden hinter einem Heizkörper oder zwei Leitungsrohren auf Augenhöhe, und wenn man sich falsch angezogen hat, sind sie blitzschnell in den Hosenbeinen auf dem Weg nach oben. Ratten darf man nie unterschätzen. Also haben wir ganz vorsichtig gearbeitet. Mit einer langen Holzplatte hat Hardy den Raum künstlich immer mehr verkleinert. Und als wir sie in der Ecke hatten, habe ich dann einmal wirklich schnell zugestoßen.

Das ist nicht schön, und man muss es wirklich schnell und kräftig machen, denn eine Ratte kann sehr jämmerlich quieken, und man fühlt sich dabei ganz mies. Wenn ich eine Ratte vergifte, kann ich mir immer noch sagen: »Letztlich hat sie ja selbst das Zeug gefressen, gezwungen hab ich sie nicht, wär sie halt besser abgehauen.« Aber hier kann ich beim besten Willen nicht mehr behaupten: irgendwie selbst schuld, Ratte.

Andererseits hat der Keller wirklich grauenhaft ausgesehen. Wir haben ihn dann auch gereinigt wie einen

Leichenfundort, desinfiziert, mit Chlorbleichlauge ausgewaschen, damit man da auch wieder atmen konnte. Aber trotzdem. Marder vergrämen, Mäuse vergiften, Wespen töten oder Silberfischchen, bei denen man den Wohnungsbesitzern eigentlich nur sagen müsste: »Legen Sie das Zimmer ganz trocken, dann gibt's auch keine Silberfischchen ...«, nein, also: Richtig gern mach ich das nicht.

29. Darum

Früher war alles selbstverständlicher als heute. Früher, als ich bei der Feuerwehr angefangen habe, war ich neugierig auf alles, was irgendwie mit Rechtsmedizin zu tun hat. Das war praktisch das Sahnehäubchen auf meinem Beruf, ich habe nicht nur Brände gelöscht oder Verletzte befreit oder Keller ausgepumpt, sondern auch noch von aufregenden Ereignissen erfahren, irgendwo zwischen Katastrophenfilm und Krimi. Die Fälle konnten mir nicht gruselig genug sein. Sobald ich eine Wohnung, eine Tür geöffnet habe, war ich ganz ungeduldig darauf, herauszufinden, was dahinter lag, was mich erwartete, da bin ich rein, auch wenn es noch so sehr darin stank, egal, wer oder was darin wie lange gelegen hat – das war, als ob im Kino das Licht ausgegangen wäre und der Film begonnen hätte. Doch heute gibt's immer mehr Tage, an denen ich mich bei Leichenfundorten konzentrieren muss, damit mir das, was auf mich zukommt, nichts mehr ausmacht. Ich muss mir richtiggehend klarmachen, dass ich die bevorstehende Aufgabe beherrsche und sie schon oft gemacht habe und dass das mit dem Ekel nur eine Kopfsache ist. Ich reagiere jetzt empfindlicher als früher, ich muss mich immer öfter richtig zusammenreißen, damit ich mich nicht übergeben muss. Normalerweise würde man ja das Gegenteil erwarten, dass der Mensch eher abstumpft. Vielleicht ist das bei manchen Men-

schen auch so, ich jedenfalls werde immer empfindlicher, je länger ich den Job mache.

Natürlich sind nicht regelmäßig alle 14 Tage Leichenfundorte zu reinigen. Da passiert mal wochenlang
nichts, und dann kommen vier Leichenfundorte hin-
tereinander. Und wenn man eine Woche lang in dieser
Welt voll Gestank arbeitet, wenn man Kot aufwischt,
vermischt mit Körperbestandteilen von Menschen, die
nicht mehr leben wollten oder die einfach wochenlang
irgendwo lagen, weil es ihrer Umgebung völlig egal war,
ob sie existieren oder nicht, jeden Tag die Spuren des
tiefsten Elends beseitigt, mit der Aussicht, dass es am
nächsten Tag genauso weitergeht, nur noch deprimie-
render, noch stinkender, wenn man schon morgens
spürt, wie die Übelkeit im Hals aufsteigt, dann fragt man
sich schon manchmal, warum man das macht. Wenn
einem jeden Tag schlecht ist, dann ist das doch nicht
normal. Da würden doch andere Leute kündigen. Also:
Warum schmeiß ich es nicht einfach hin? Die Antwort
darauf kann man nicht in einem Satz geben. Es ist eine
Mischung verschiedenen aus Gründen.

Erstens: Ich bin neugierig. Ich bedaure noch immer jeden Einsatz, bei dem ich nicht dabei bin. Ich will überall
wissen, was passiert ist. Ich will ganz vorne dran sein, da,
wo die Action ist. Hierin unterscheide ich mich kaum von
den meisten anderen Feuerwehrleuten. Ich will derjenige
sein, der an der Rettungsschere steht und die Verletzten
aus irgendwelchen Blechwracks rausschneidet, und nicht
der Kollege, der die langweiligen Trümmer wegträgt. Und
ich will auch derjenige sein, der an den Tatorten die Über-
reste entfernt. Ich will sehen, was passiert ist.

Zweitens: Wir sind harte Hunde. Wir sind Machos. Wir geben nicht auf, weil uns schlecht ist. Wir sind überzeugt, dass wir das alles hinkriegen. Und blass werden gilt nicht. Wir definieren uns auch zu einem großen Teil über das, was wir schon alles mitgemacht haben und was wir noch alles mitmachen werden. Und falls ein Außenstehender sagt: »Das wäre nichts für mich«, dann halten wir das für eine Auszeichnung, weil es bedeutet, dass wir etwas machen, was andere nicht könnten. Ich kann mir gut vorstellen, dass es beim Bungee- oder Base-Jumping ähnlich ist, dass man bei diesen Sportarten den Nervenkitzel sucht und stolz ist, etwas getan zu haben, was sich andere nicht zutrauen. Nebenbei: Bungee-Jumping lässt mich kalt, wenn ich in ungemütlicher Höhe arbeiten will, entferne ich ein Wespennest.

Drittens: Ich will Geld verdienen. Tatortreinigung wird üblicherweise sehr gut bezahlt, sofern wir nicht mittellosen Auftraggebern in finanzieller Hinsicht etwas entgegenkommen. Unser Stundensatz erreicht Arzt- oder Anwaltsdimensionen. Und wenn wir unseren Job gut gemacht haben, dann zahlt uns der Kunde hinterher das Geld mindestens genauso gern wie seinem Anwalt. Wir räumen Dinge weg, die kein Müllmann anfassen würde.

Ich bin nie reich gewesen, meine Familie ist eine ganz normale kleinbürgerliche Familie gewesen, meine Eltern konnten mir keine Wohnung schenken, kein Haus, kein Auto. Sie haben mich anständig erzogen, und mehr war nicht drin. Meine Frau kommt ebenfalls aus kleinen Verhältnissen, sie hat sich ein Sonnenstudio aufgebaut, mit einem Kredit von der Bank, ich habe selbst noch mit ausgeholfen. Wir sind stolz auf das, was wir erreicht haben, und darauf, dass wir uns ein kleines Haus bei München gebaut haben. Was letztlich wiederum gar nicht so überraschend ist, weil wir beide kaum Zeit haben, Geld auszugeben – wir arbeiten wirklich ziemlich viel. Mir tut jeder Auftrag weh, den ich nicht annehmen kann, ich habe dann das Gefühl, als würde ich Geld regelrecht wegwerfen, und das kann man doch nicht machen. Dieses zwanghafte Geldverdienen-Müssen ist mir nicht zuträglich, und ich habe schon öfter versucht, »nein« sagen zu lernen. Aber kaum klingelt das Telefon, höre ich mich schon sagen: »Ja, ist gut, wir kommen.« Vor allem und gerade zu Leichenfundorten.

Hierin unterschiede ich mich von vielen meiner Kollegen. Obwohl sie wissen, was sich bei der Leichenfundortreinigung verdienen lässt, würden sie es trotzdem nie machen. Manchmal frage ich einen Kollegen, wenn Not am Mann ist oder wenn ich sehe, dass er wirklich gut zu uns passen würde, ob er bei uns mitarbeiten möchte. Aber die meisten lehnen ab. Schädlingsbekämpfung probieren sie vielleicht mal aus, auch da wird gutes Geld gezahlt, aber Tatortreinigung – das geht vielen zu weit.

Viertens: Einen letzten Grund gibt es noch, meinen sportlichen Ehrgeiz. Ich bin Perfektionist. Ich will der beste Tatortreiniger Deutschlands werden. Nicht der größte oder so, ich denke nicht, dass ich ein großes Unternehmen führen möchte, dazu bin ich viel zu gern vor Ort. Aber eben der beste. Der vielleicht auch mal bei besonders komplizierten Fällen angefordert wird. Sagen wir, von Berlin aus, und da ist ein ganz furchtbares

Szenario, und sie holen die besten Reiniger der Stadt, und alle schütteln den Kopf.

Einer sagt: »Keine Chance.«

Ein zweiter sagt: »Das schafft niemand.«

Dann gibt's eine lange Pause.

Und dann sagt ein dritter: »Na ja, einen gibt es. Der schafft es vielleicht. Der Anders aus Garching.«

Man wird ja mal träumen dürfen.

30. Epilog

Man lernt nicht aus. Man lernt einfach nicht aus. So viele Wohnungen, so viele Tote, so viele Tierchen, und kein Fall ist wirklich wie der andere. Wir haben Wohnungen mit acht Wochen alten Leichen in einem einzigen Durchgang gereinigt und mussten zu anderen Wohnungen, in denen jemand schon nach drei Wochen gefunden wurde, fünfmal hinfahren.

Man kann es einfach nicht vorhersagen. Die kompliziertesten Fälle lösen sich fast von selbst, die vermeintlich einfachsten Fälle werden die hartnäckigsten. Aber von Mal zu Mal werden wir besser. Alles, was wir lernen, können wir anderswo wieder einsetzen.

Wir haben gelernt, dass man Wespennester nicht nur ausräuchern oder versetzen, sondern auch verschenken kann. Wirklich wahr, ich kenne eine Dermatologin, eine Hautärztin, die uns immer gern unsere Wespennester abnimmt, wenn wir nicht mit Gift gearbeitet haben. Sie braucht sie für Patienten, die allergisch gegen Wespenstiche sind. Sie nimmt die Nester und trennt einzelne Tiere ab, die in Behältern kühl gelagert werden und mit denen dann Patienten desensibilisiert werden. Sie nimmt dazu eine Wespe, setzt sie in einem Behälter, der unten offen ist, dem Patienten auf den Arm, und ärgert dann die Wespe, bis sie piekst.

Man lernt, dass man immer einfach denken soll und vorsichtig, und dass es nichts Irrsinniges gibt, was Leute nicht tun. Neulich habe ich deshalb Füße gesucht. Die Füße einer Frau. Die Dame gehörte zu einem Pärchen, das nachts auf der Autobahn an der Stelle liegen geblieben war, wo die Autobahn von Nürnberg Richtung München nach Salzburg abzweigt. Die Autobahn hat dort fünf Fahrspuren, der Wagen steht rechts am Standstreifen, und aus unerfindlichen Gründen denken die beiden, zwecks Reparatur und Abschleppen wäre das Auto in München wohl besser aufgehoben. Also steigt sie aus, um den Wagen mitten in der Nacht quer über die beiden Abbiegespuren nach Salzburg zu schieben, hinüber zu den drei Fahrbahnen nach München. Der nächste Abbieger fuhr sie über den Haufen, er war völlig unschuldig, weil auf einer zweispurigen Abzweigung natürlich keiner Tempo 40 zu fahren braucht, da sind 100 Sachen keine übertriebene Geschwindigkeit. Die Frau war tot, wir haben dann ihren Oberschenkel aus dem Scheinwerfer des Unfallwagens geschabt, damit man feststellen konnte, ob die Scheinwerfer eingeschaltet gewesen waren. Und ihre Füße waren fort, die hab dann ich gesucht. Man weiß nie, was einem für dumme Gedanken kommen, wenn was passiert, also sollte man in jedem Fall nichts besonders Kluges oder Praktisches oder Kostengünstiges unternehmen: Wenn das Auto kaputt ist, dann steigt man aus, entfernt sich von der Autobahn und Schluss!

Und man lernt, dass man Leichengeruch wie Leichengeruch bekämpfen kann, auch wenn es keine Leiche gibt. Wir sind kürzlich zu einem Einfamilienhaus gerufen worden, weil es im Kinderzimmer gestunken hat. Nach Leiche, eindeutig nach Leiche, und zwar aus der

Wand. Schuld war ein Hornissennest im Abluftschacht dahinter. Jedes Jahr im Herbst entsorgen die Hornissen die Maden, die nicht mehr rechtzeitig schlüpfen werden. Sie werfen sie einfach vor die Tür, und wenn das Nest oben im Luftschacht ist, landen die Maden eben unten im Luftschacht, und verfaulende Maden riechen wie andere verfaulende Tote. Dass eine Ziegelwand Geruch nicht unbedingt aufhält, wussten wir dank unserer Erfahrung mit der Tatortreinigung. Wir haben die Wand aufgestemmt, das Nest entfernt – und den Boden des Schachts so gereinigt, wie wir es bei einem Tatort machen. Die Quelle entfernen, dann mit Chlorbleichlauge arbeiten. Ohne unser Leichenwissen hätten wir da Maskomal reingestellt, den Geruchsbekämpfer, mit dem wir bei unserem allerersten Einsatz in dem Turm mit dem Selbstmörder so auf die Nase gefallen waren. Wir hatten früher gelegentlich das Problem, dass nach Schädlingsbekämpfungseinsätzen die Geruchsbekämpfung mehrfache Anfahrten und höhere Kosten nötig machte – das hat mit zunehmender Erfahrung von Leichenfundorten praktisch aufgehört. Aber natürlich erwarten uns trotzdem ständig neue Überraschungen. Solche, wie wir sie im ersten Kapitel dieses Buches erlebt haben, als die Leichenumrisse im Estrich wieder erschienen sind. Einen Tag lang gemeißelt, und dann sind die Umrisse noch immer da. Ich hatte wirklich ernsthafte Sorgen. Wo etwas ist, kann auch etwas riechen, denke ich mir. Und es ist ja nicht so, dass wir schlampig gearbeitet hätten, ich kann nur einen Estrich nicht beliebig tief aushöhlen. Irgendwann sind wir dann bei den Nachbarn drunter, und das ist ja auch keine Lösung. Wir mussten es also zunächst darauf ankommen lassen, und das ist mir immer suspekt, weil mir die Gewissheit fehlt, dass alles, wirklich alles erledigt ist. Wir haben befürchtet, dass noch etwas nachkommt, eine Beschwerde, Klagen, dass jetzt der Rest der Wohnung stinkt, etwas in der Art. Aber was soll ich sagen: Der Wohnungsbesitzer hat die Rechnung bezahlt und fertig. Ich habe nichts mehr von ihm gehört. Also bleibt mir nichts anderes übrig, als anzunehmen, dass wohl alles in Ordnung ist. Wenigstens hoffe ich das.

Denn wenn nicht, sitzt womöglich derzeit eine junge Familie im Münchner Westen in ihrem Wohnzimmer. Sie sind frisch eingezogen, haben den Tisch gedeckt und erwarten Freunde, es klingelt an der Tür – sie öffnen, begrüßen die Besucher, führen sie stolz durch das kleine Apartment und jetzt, genau in diesem Moment, sehen sich die beiden Gäste an. Sie schnuppern durch die Nase, runzeln die Stirn und dann sagt einer von ihnen zu den Wohnungsbesitzern:

»Ich will euch ja nicht den Spaß an eurer Wohnung nehmen, aber findet ihr nicht, dass es hier irgendwie – ganz komisch riecht?«

Schockierende Fakten, brillant recherchiert

Investigativer Journalismus bei Heyne